PHP
Business Shinsho

超一流のコンサルが教える
クリティカルシンキング入門

Juntoku Yoshizawa
吉澤　準特

JN147986

PHPビジネス新書

はじめに

予期せぬ問題が発生し、どう対処すればよいのか**迷ったこと**はありますか？
自分の意見が他の人と対立し、**自信がなくなってしまったこと**はありますか？
もっと慎重に判断していれば、結果は違ったかもと**後悔したこと**はありますか？

私たちは日々、無数の選択肢に直面し、様々な決断を迫《せま》られます。しかし、その瞬間に最適な答えを導き出せているとは限りません。情報があまりに多すぎたり、感情に振り回されたりして、冷静な判断が難しくなることがよくあります。こうした状況で、私たちがより良い選択をするためには、問題を論理的に整理し、思考を明確にするためのフレームワークが必要です。

本書は、あなたの**「本質を考える力」について鍛えるためのガイド**になります。

日々の生活や仕事の中で、私たちは数多くの決断や問題解決に直面します。その中で最も重要なのは、適切に物事を判断し、的確な行動をとるための思考力です。本書で解説する**PAC思考**（Premise-Assumption-Conclusion）は、その思考力を体系的に高めるためのフレームワークであり、**本質的に物事を探究する思考（クリティカルシンキング）の基礎**となるものです。

たとえば、プロジェクトが遅延《ちえん》しそうな状況でも、単に焦《あせ》るのではなく、「なぜこの遅延が発生したのか」という前提を確認し、「遅延の影響がどこに出るか」「どう対応すれば最小限のダメージで済《す》むか」といった仮定を立てた上で、「どのようなアクションをとるべきか」という結論に冷静にたどり着けるようになります。

「本質を考える力」は、現代社会で最も重要なスキルの1つです。それはただ無意識に考えるだけではなく、**意識的に整理された一貫性のある思考をすることが**鍵になります。どんな複雑な問題に対しても、あなたが納得のいく答えを導き出せるようになるための一歩を、この本とともに踏み出してみてください。

◎超一流のコンサルが教えるクリティカルシンキング入門——目次

第2章 子どもでもわかるPAC思考

第3章 学校や日常生活でのPAC思考

CONTENTS

第4章 ビジネスシーンでのPAC思考

第5章 実際にあったＰＡＣ思考

CONTENTS

第6章 演習で身につけるPAC思考

序章　クリティカルシンキングとPAC思考

ある日、プログラマーの夫に妻が買い物のお願いをしました。

「買い物に行って、牛乳を1個[1]買ってきてね。卵があったら10個お願い」

夫はしばらくして、牛乳を10個買ってきました。

妻は驚いて言いました。

「どうして牛乳を10個も買ってきたの！」

夫は答えました。

「だって、卵があったから……」

1. 説明のわかりやすさを優先し、牛乳と卵の数え方を「個」で統一しています。

これはインターネットで話題になったエピソードをアレンジしたものです。
この話の面白い点は、**妻による条件の指定が精密ではなかったことから、プログラマーである夫が誤った条件を設定してしまった**ところにあります。

二人の思い違いはどうして生じてしまったのか、それは買い物に対する前提が異なっていたからです。二人はそれぞれ次のように捉《とら》えていました。

（妻）前提：牛乳を1個買う必要がある。卵があったら、卵も買いたい。
（夫）前提：牛乳を1個買う必要がある。

この前提のもとで買い物をすると、「卵があれば10個お願い」という条件（仮定）を示した時の二人の捉え方は次のようになります。

（妻）条件：卵があれば、卵を10個買う。（牛乳以外に卵もほしいから）

（夫）条件：卵があれば、牛乳を10個買う。（牛乳だけほしいから）

≫前提と条件が正しければ結果も正しくなる

買い物ミスの直接的な原因は、条件において「何を10個買うか」を指定していなかったことです。

しかし、前提として「卵があったら、卵も買いたい」という共通認識を持てていれば、条件の意図を正しく把握して、牛乳ではなく卵を追加で買う指示だと、夫は理解できたことでしょう。

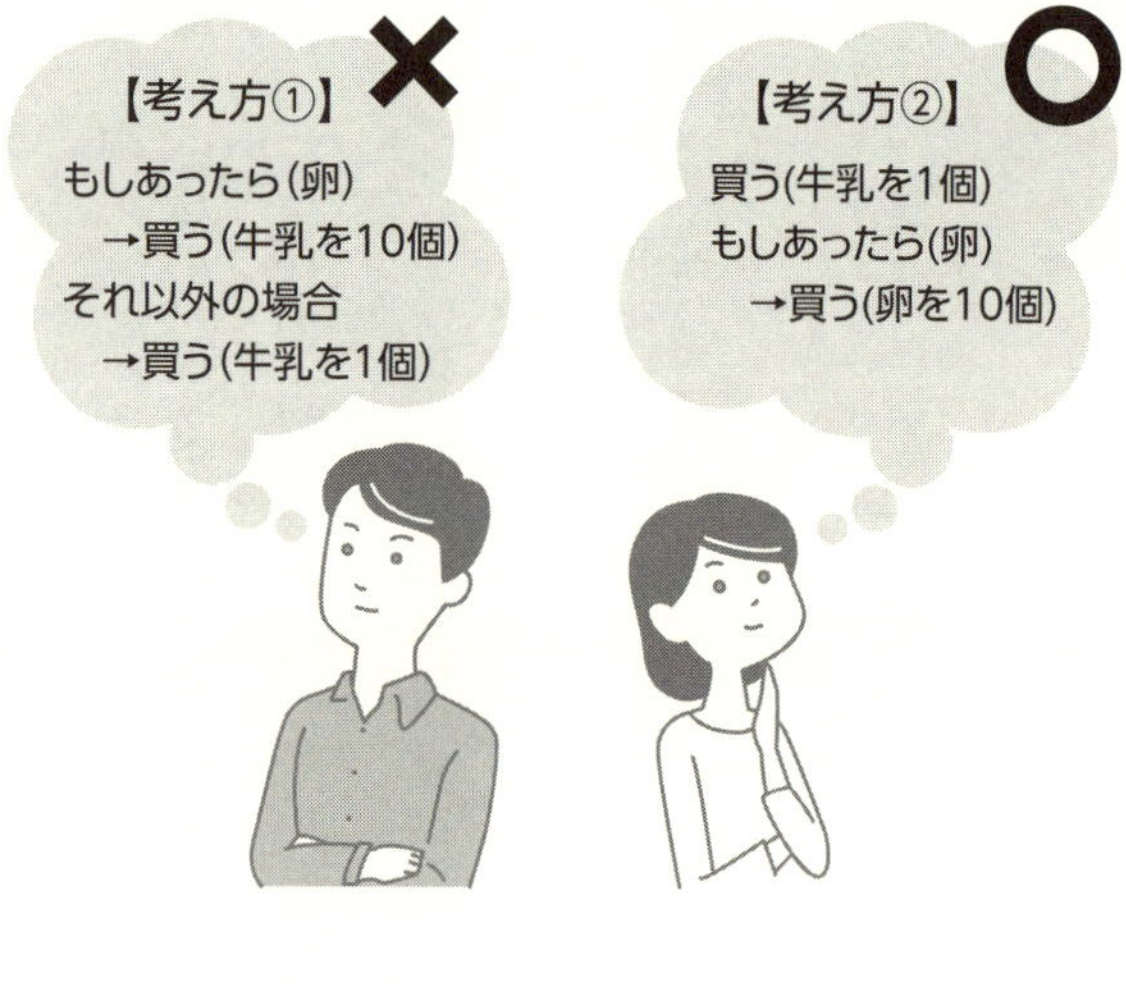
【考え方①】
もしあったら（卵）
→買う（牛乳を10個）
それ以外の場合
→買う（牛乳を1個）
【考え方②】
買う（牛乳を1個）
もしあったら（卵）
→買う（卵を10個）

前提と条件の正しさを夫が確認していれば、正しい結果になっていました。

前提と条件の関係を図解する

前提と条件の関係が適切であるか、図で表して整理してみましょう（次ページ）。

まず、妻の考え方について。牛乳と卵を同時に必要とする状況はあり得るものであり、前提として明確に示されていませんでしたが、卵を10個買うことには合理性があるといえます。

一方、夫の考え方について。卵が店にあるかどうかが牛乳の購入数に影響すると考えたのでしょうか？　卵の有無《うむ》が牛乳の購入数を変化させる要因であると考えたにもかかわらず、卵自体は購入していないとしたら、その行動に合理性はありません。

これらの**ロジック構造を前提と条件に分けて示すと、合理性の有無をより簡単に理解できます**。夫の考え（ロジック）を見れば、「なぜそう考えた？」という疑問しか生まれません。

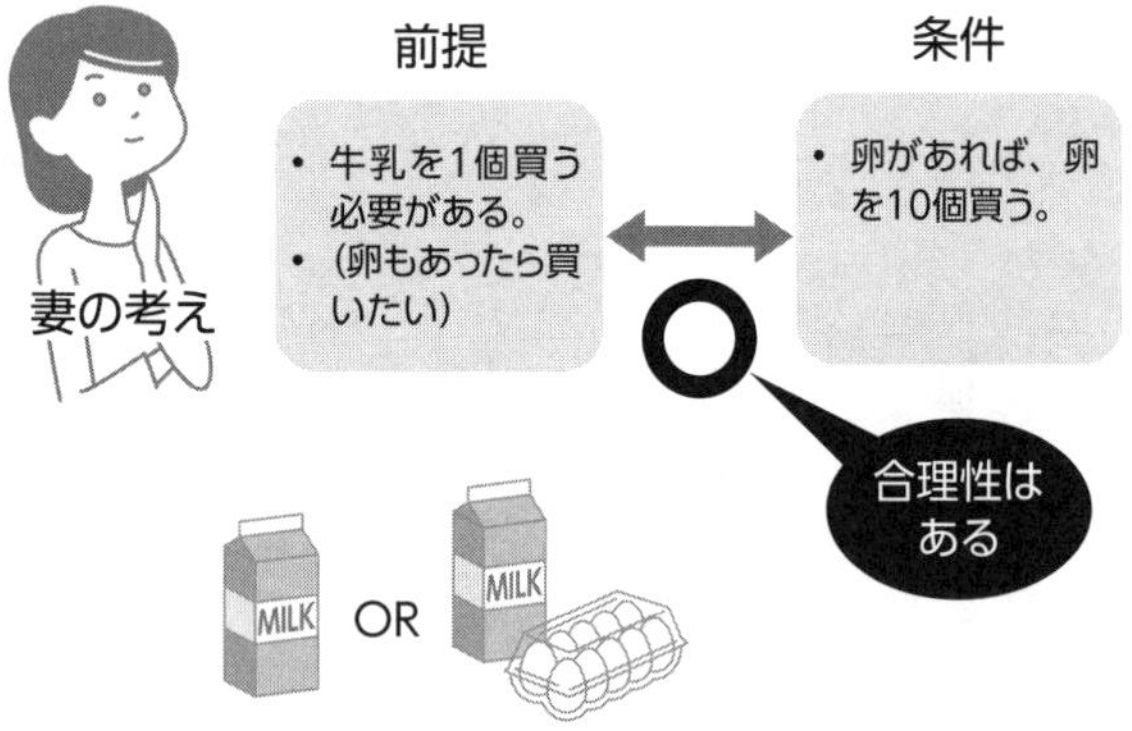
前提
条件
・牛乳を1個買う必要がある。
・（卵もあったら買いたい）
・卵があれば、卵を10個買う。
妻の考え
合理性はある
MILK
OR
MILK

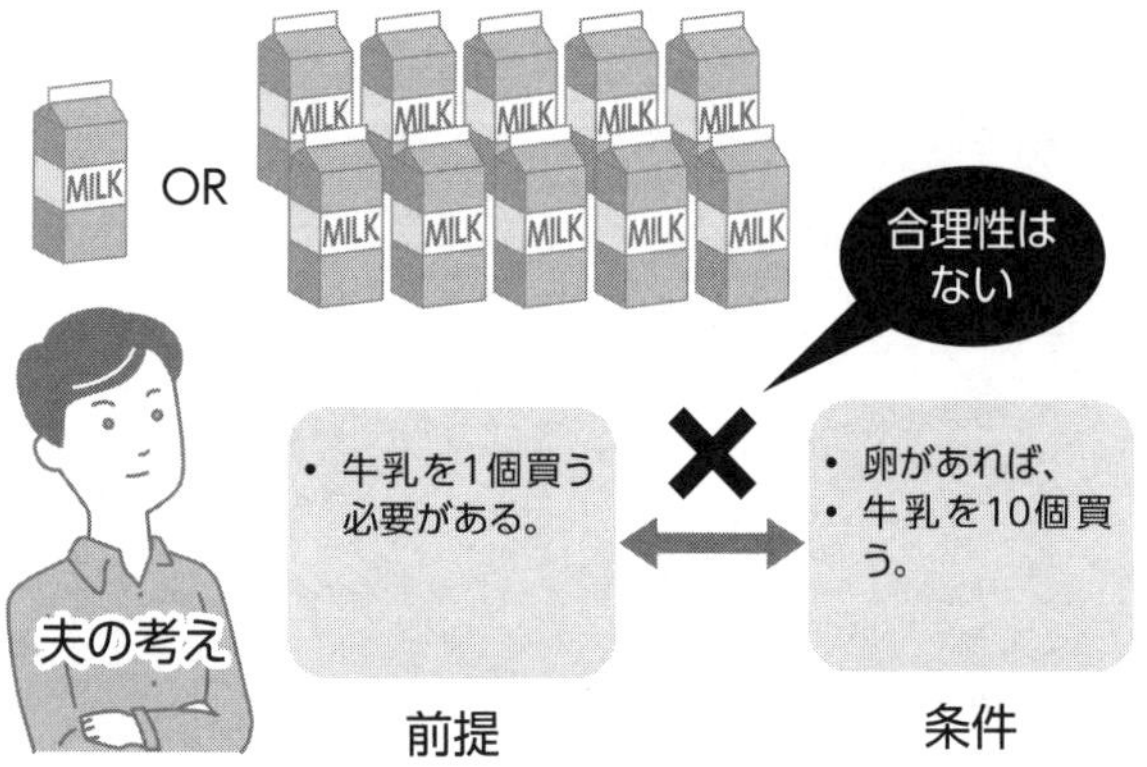
MILK
OR
MILK
合理性はない
・牛乳を1個買う必要がある。
・卵があれば、
・牛乳を10個買う。
夫の考え
前提
条件

≫PAC思考フレームワーク

前提と条件の関係が適切であるか把握するには、ロジックの構造を図解することが早道《はやみち》です。

私がビジネスパーソンや学生に教えているクリティカルシンキングのフレームワークの基礎として「**PAC思考**」というものがあります。これを使うと、先ほどの買い物の間違いは、そもそも発生しなかったでしょう。

PAC思考は、意思決定とその根拠を3つの要素、**Premise（前提）**、**Assumption（仮定）**、**Conclusion（結論）**で構造化します。PACとは、各要素の頭文字《かしらもじ》を取ったものです。

①**前提：**ある決定や判断の基礎となる事実や一般的な認識
②**仮定：**前提に基《もと》づいて立てられる、特定の状況や将来に対する予測や推測
③**結論：**前提と仮定を基に導き出される最終的な判断や決定

たとえば、出かける時に曇《くも》っていて、あなたは「雨が降りそう」と考え、傘を持って行くことにしたとします。

前提は「空が曇っている」です。すでに事実として確認できることが該当《がいとう》します。

仮定は「雨が降りそう」という不確定な要素。雨は降るかもしれませんし、降らないかもしれません。

結論は「傘を持って行くことにした」です。前提に仮定を照らし合わせて、この結論を出しました。

このように、**前提と仮定から合理性のある結論を導くのがＰＡＣ思考の構造**です。

先ほどの買い物の例で登場したのは前提と条

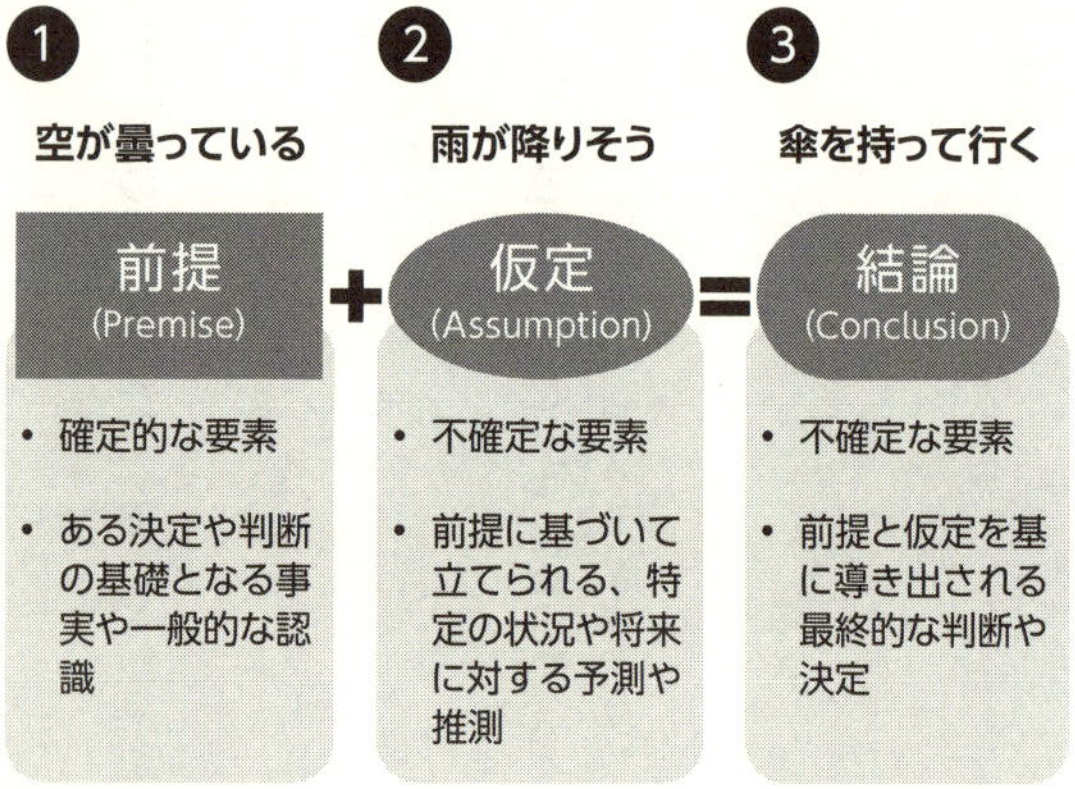

1
空が曇っている
前提
(Premise)
• 確定的な要素
• ある決定や判断の基礎となる事実や一般的な認識
2
雨が降りそう
仮定
(Assumption)
• 不確定な要素
• 前提に基づいて立てられる、特定の状況や将来に対する予測や推測
3
傘を持って行く
結論
(Conclusion)
• 不確定な要素
• 前提と仮定を基に導き出される最終的な判断や決定

件でしたが、このうち「条件」はＰＡＣ思考における「仮定」にあたります。
妻の指定する「前提」と「仮定」は十分ではありませんから、不足している次の点を加えることにします。

(前提への追加) 買い物の背景として、料理で卵を使いたいと考えている。
(仮定への追加) 卵がなければ買わなくてもよいが、あるなら10個ほしい。

こうして前提と仮定の不明瞭だった部分をはっきりさせれば、夫は正しい結論を導き出すことができるでしょう。

前提：料理に使うため、牛乳1個が必要であり、もし卵もあれば買いたい。
仮定：店に卵があれば、卵を10個、買ってほしい。
結論：店で卵を見かけたら、牛乳1個に加えて、卵を10個買う。

【まとめ】

何かを判断する時、PAC思考でその前提と仮定を意識することで、思い違いや考慮不足による失敗を防ぐことができます。前提と仮定を明確にし、それをしっかり検証することで、結論の妥当《だとう》性を高めることができるのです。

本書は、その効果を、具体例を多数取り上げて解説していきます。

たくさんの事例に触れ、PAC思考による整理を頭の中で自然に意識できるようになれば、仕事や日常生活が今よりもっと豊かになるでしょう。

正しい前提と仮定に基づく夫の思考

前提
(Premise)
・料理に使うため、牛乳1個が必要であり、もし卵もあれば買いたい。
仮定
(Assumption)
・店に卵があれば、卵も10個、買ってほしい。
結論
(Conclusion)
・店で卵を見かけたら、牛乳1個に加えて、卵を10個買う。

≫ロジカル・ラテラル・クリティカルシンキング

「ロジカルシンキング」を知る人は多いでしょうが、それを最大限活用するのに必要な「ラテラルシンキング」と「クリティカルシンキング」は知っているでしょうか?

ロジカルシンキング（垂直思考・論理的思考）：
「それなら」と、客観的に正しい答えをゴールと考え、そこへ向けた道筋を切り開く「ドリル」です。ただし、まっすぐ突き進むことが最短経路になるとは限りません。大きな問題が行く手を塞《ふさ》いでいる場合、その解決には多大な労力を要します。

ラテラルシンキング（水平思考）：
「むしろ」と、問題を避けたり減らしたりして効率的に取り組みます。様々な方向性から問題を捉える「双眼鏡」です。ただし、進め方に工夫を凝《こ》らしても、道が進むのに適していないこともあります。前提条件が厳しいなら、その見直しも考えるべきです。

クリティカルシンキング（探究思考・批判的思考）：
「そもそも」と、ロジカル・ラテラルに考える最適アプローチを見つけます。全体を確かめる「地図」です。ただし、見直しをやりすぎると、中身を議論する時間が不足して期限に間に合わなくなります。時間制限を設《もう》けた取り組み方が必要です。

考えをまとめることが得意な人は、ごく自然にこれら3つの思考法を組み合わせて問題を解くことができます。やり方さえ知っていれば、誰であっても同じ答えに考え至ることができます。私はこのやり方を「**ビジネス思考フレームワークモデル**」と呼んでいます。

本書で扱う**PAC思考は、クリティカルシンキングの基本フレームワーク**です。問題の前提・仮定・結論の関係性を「そもそも正しいのか？」と問い、論理整合性と確実性の観点で評価します。これによって、現在のロジックを本質的にどう改善すべきか、判断できるようになるのです。

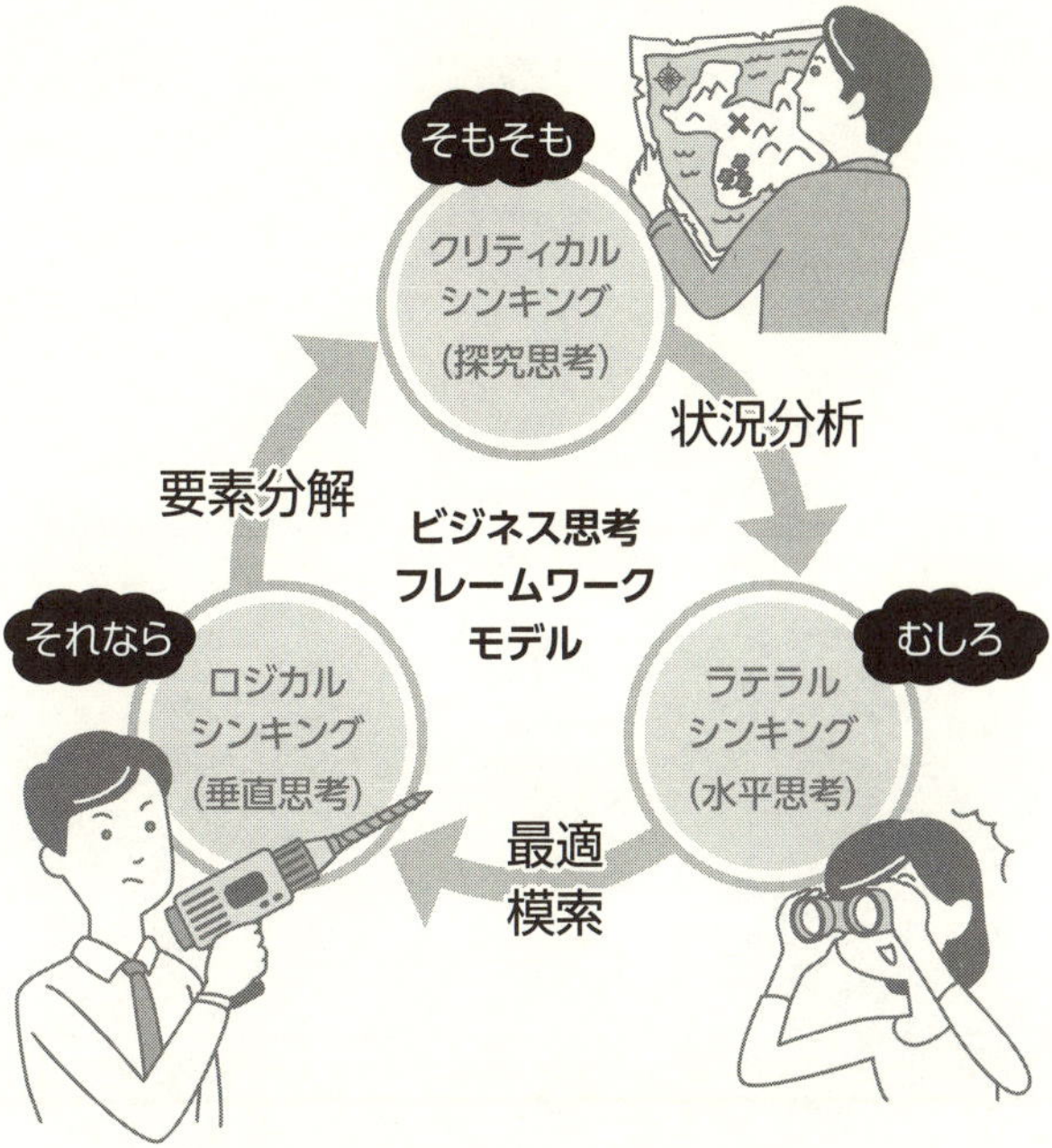

ロジカルシンキング、ラテラルシンキング、クリティカルシンキングは、どの思考術が優れているというわけではありません。場面に応じて必要とされる考え方は異なってくるため、使い分ける方法を知ることが重要です。

第1章

PAC思考の基礎

PAC思考は、論理的な問題解決や意思決定のフレームワークです。このフレームワークは、「前提（Premise）」、「仮定（Assumption）」、「結論（Conclusion）」の3つの要素から成り立っています。これらを順番に解説します。

1-1 ≫前提（P：Premise）とはなにか？

前提（Premise）は、ある決定や判断の基礎となる事実や一般的な認識を指します。前提は確定的な要素であり、意思決定プロセスの土台となるものです。

たとえば、「太陽は東から昇《のぼ》る」という事実は、日常生活や多くの計画における前提となります。

前提は次のような特徴を持ちます。

確定的な要素：

前提は、議論や意思決定の基礎として、確定的な事実や広く受け入れられた認識を提供します。これにより、仮定や結論の妥当性を評価するための土台が築かれます。

基礎となる事実や認識：

前提は、特定の状況や条件において真実であるとされる情報です。これには、観測データや統計情報、歴史的な事実、自然法則等が含まれます。

■前提の重要性を理解する

前提が重要なのは、論理的な思考や意思決定において、その妥当性が結論の正確さを直接左右するからです。**前提が正確でなければ、その上に築かれる仮定や結論も信頼性を欠くことになります。**たとえば、ビジネスにおける市場分析では、「現在の市場規模」や「ターゲット顧客の特性」といった前提が正確でなければ、誤った戦略が導かれてしまいます。

前提がどのように機能するか、具体例を3つ見てみましょう。

例① ペットの散歩：

前提：天気予報によると明日の夜は晴れる。

この前提を基に、愛犬の朝散歩をやめてゆっくり寝てしまっても、夜散歩を長めにしてストレスを発散すれば大丈夫でしょう。

例② 朝の起床時間：

前提：朝7時半の電車に乗れば始業時刻に間に合う。

この前提を基に、電車に間に合うよう、家から駅までの移動時間と朝の身支度《みじたく》の時間の推定から、6時50分に起床することにします。

例③ リモート環境で重要会議に参加：

前提：自宅のネット環境が安定していること。

この前提を基に、9時から始まる重要会議に自宅からリモート環境で参加します。

■3つの観点で前提を検証する

前提の妥当性を検証することは、ＰＡＣ思考において非常に重要です。次の３つの観点を用いて、前提が正しいかどうかを確認することができます。

①データの確認：
前提に基づくデータや情報を再確認します。信頼できるソースからのデータを使用することが重要です。

②他者の意見：
前提について他の専門家や関係者の意見を聞くことで、客観的な視点からの検証が可能になります。

③前提の一貫性：
前提が他の事実や情報と矛盾《むじゅん》しないかを確認します。一貫性がない場合、その前提は再評価が必要です。

前提が誤っている場合、それに基づく仮定や結論も誤りとなります。前述した例も、前提が誤ってしまうと残念な結果になってしまいます。

例①　ペットの散歩：

前提：天気予報によると明日の夜は晴れる。

天気予報が外《はず》れて雨が降りました。散歩に行けなくなった愛犬は騒ぎ続け、室内で粗《そ》相《そう》をしてしまい、近所から騒音のクレームも受けてしまいました。

例②　朝の起床時間：

前提：朝7時半の電車に乗れば始業時刻に間に合う。

乗る電車には間に合いましたが、ダイヤが大幅に遅れ、始業に遅れてしまいました。

例③　リモート環境で重要会議に参加：

前提：自宅のネット環境が安定していること。

ネットが不安定になり、音声や映像が途切れて重要なやりとりを聞き逃《のが》しました。

【まとめ】

「前提（Premise）」は、意思決定や問題解決の基礎を成《な》す重要な要素です。前提が正確でなければ、その後の仮定や結論も正確性を欠くことになります。

前提の妥当性を慎重に検証し、正しい情報に基づいて意思決定を行うことが不可欠です。これにより、より信頼性の高い結論を導き出すことができるでしょう。

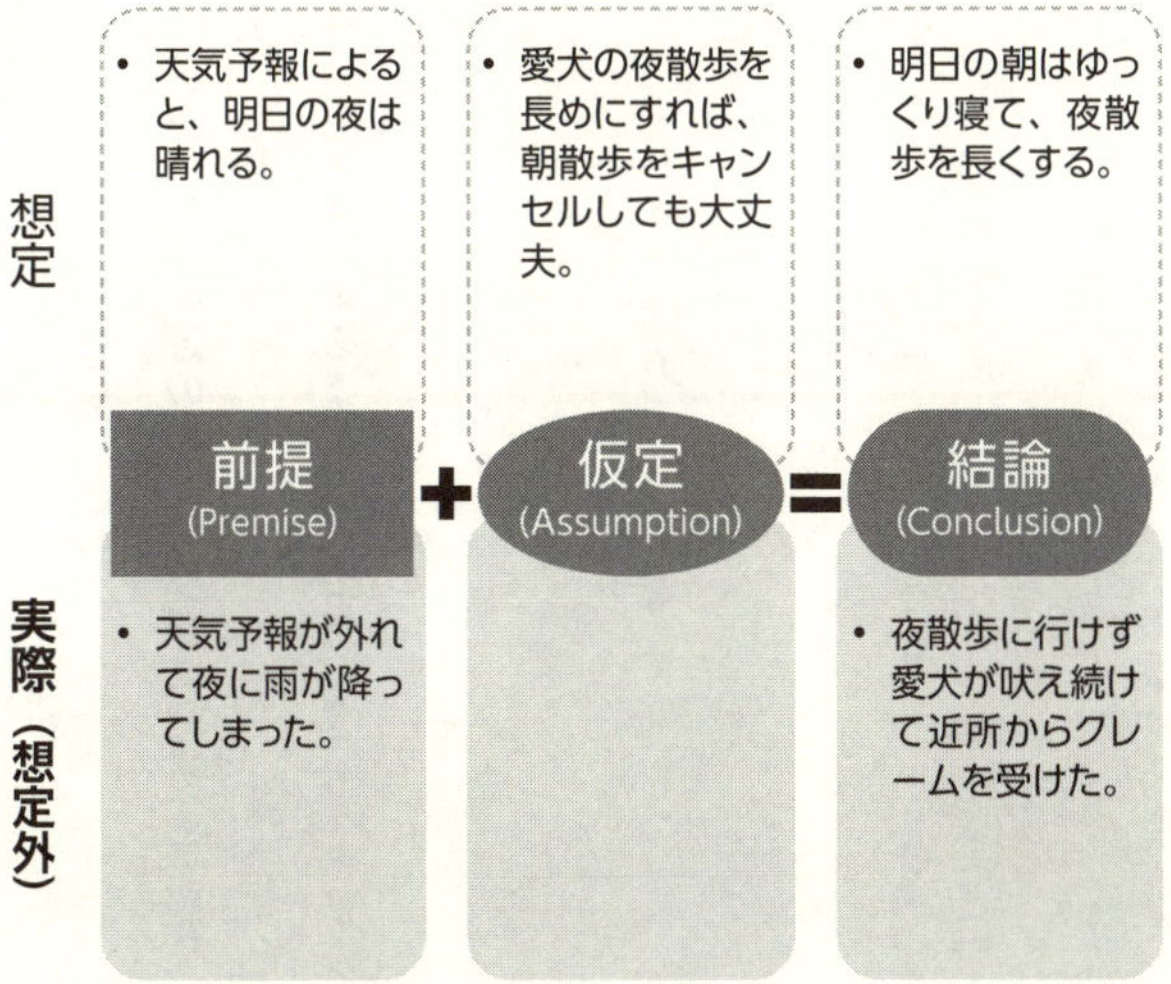
想定
・天気予報によると、明日の夜は晴れる。
・愛犬の夜散歩を長めにすれば、朝散歩をキャンセルしても大丈夫。
・明日の朝はゆっくり寝て、夜散歩を長くする。
前提
(Premise)
+
仮定
(Assumption)
=
結論
(Conclusion)
実際（想定外）
・天気予報が外れて夜に雨が降ってしまった。
・夜散歩に行けず愛犬が吠え続けて近所からクレームを受けた。

1-2》仮定（A：Assumption）とはなにか？

仮定（Assumption）は、前提に基づいて立てられる、特定の状況や将来に対する予測や推測のことです。仮定は不確定な要素であり、確定された事実ではないため、妥当性を検証する必要があります。**仮定が正しいかどうかを評価することで、結論の信頼性を高めることができます。**仮定の特徴は次の通りです。

不確定な要素：
仮定は将来の予測や現在の状況に対する推測であり、確実ではありません。
前提が根拠：
仮定は前提を基にして形成され、前提の正しさを土台として立てられます。
結論への影響：
仮定の確実性次第で、導かれる結論の正確さが左右されます。

■仮定の重要性を理解する

仮定が重要なのは、意思決定や問題解決のプロセスにおいて、その妥当性が結論の正確さに直接影響を与えるからです。**仮定が不正確であれば、その上に築かれる結論も信頼性を欠く**ことになります。たとえば、新製品の市場投入計画では、「顧客はその製品を求めている」という仮定が正確でなければ、製品は売れません。

仮定がどのように機能するか、具体例を3つ見てみましょう。

例① 新生活の部屋探し：

前提：遠方の大学に合格し、新学期から入学する。

仮定：授業に出るため、入学までに近隣のアパートを借りる。

この仮定を基に、物件探しを進めます。自分の予算に合った物件を入学するまでに契約して、新学期から無理なく授業に出られるようにします。

例② 試験勉強：

前提：過去の期末試験は同じ過去問から出題されていた。

仮定：今年も同じ傾向で出題される。
この仮定を基に、試験勉強の計画を立てます。例年、傾向はほぼ同じのようなので、今年もその傾向を踏襲《とうしゅう》し、過去問を暗記すれば合格点を取れるでしょう。

例③　コンビニのアルバイトシフト：

前提：クリスマス前後は客数が2倍になり、バイト人数が多く必要になる。
仮定：12月24日と25日のバイト人数を多めにして多くの客に対応する。
この仮定を基に、12月24日と25日は通常の2倍の人数がシフトに入るようバイト登録者へ依頼することで、イブとクリスマスの売上が平日の2倍になります。

■4つの観点で仮定を検証する

仮定の妥当性は、4つの観点を用いて検証できます。

①過去のデータや経験の利用：
仮定が過去の事例やデータに基づいている場合、そのデータや事例を再検討します。

過去のパターンが再現されるかどうかを確認することが重要です。

②シナリオ分析：

仮定に基づいていくつかのシナリオを作成し、それぞれの場合にどうなるかを分析します。仮定が異なる結果をもたらす可能性を評価します。

③専門家の意見を求める：

仮定に対して専門家の意見を求めることで、現実的かどうかを評価します。専門家の知識や経験を活用することで、仮定の信頼性を高めることができます。

④感度分析：

仮定が変わった場合の影響を分析します。仮定が多少変わっても結論に大きな影響を与えない場合、その仮定は確度が高いと考えられます。

仮定が誤っている場合、それに基づく結論も誤りとなります。前述した例も、仮定が誤ってしまうと残念な結果になってしまいます。

例① 新生活の部屋探し：

仮定：授業に出るため、入学までに近隣のアパートを借りる。

すでに合格者の多くが物件を仮予約済みで、数駅先のアパートしか借りられなかったため、あさイチの授業に出るのがつらい。

例② 試験勉強：

仮定：今年も同じ傾向で出題される。

今年は傾向が変わってしまい、過去問の暗記だけでは赤点だった。

例③ コンビニのアルバイトシフト：

仮定：12月24日と25日のバイト人数を多めにして多くの客に対応する。

シフトに入れるバイトが全然おらず、客を捌《さば》き切れずに機会損失が生じた。

【まとめ】

「仮定（Assumption）」は、意思決定や問題解決のプロセスにおいて、前提に基づいた予測や推測を行うための重要な要素です。仮定が正確でなければ、その上に築かれる結論も信頼性を欠くことになります。

仮定の妥当性を慎重に検証し、正しい情報に基づいて意思決定を行うことが不可欠です。これにより、いっそう信頼性の高い結論を導き出すことができるでしょう。

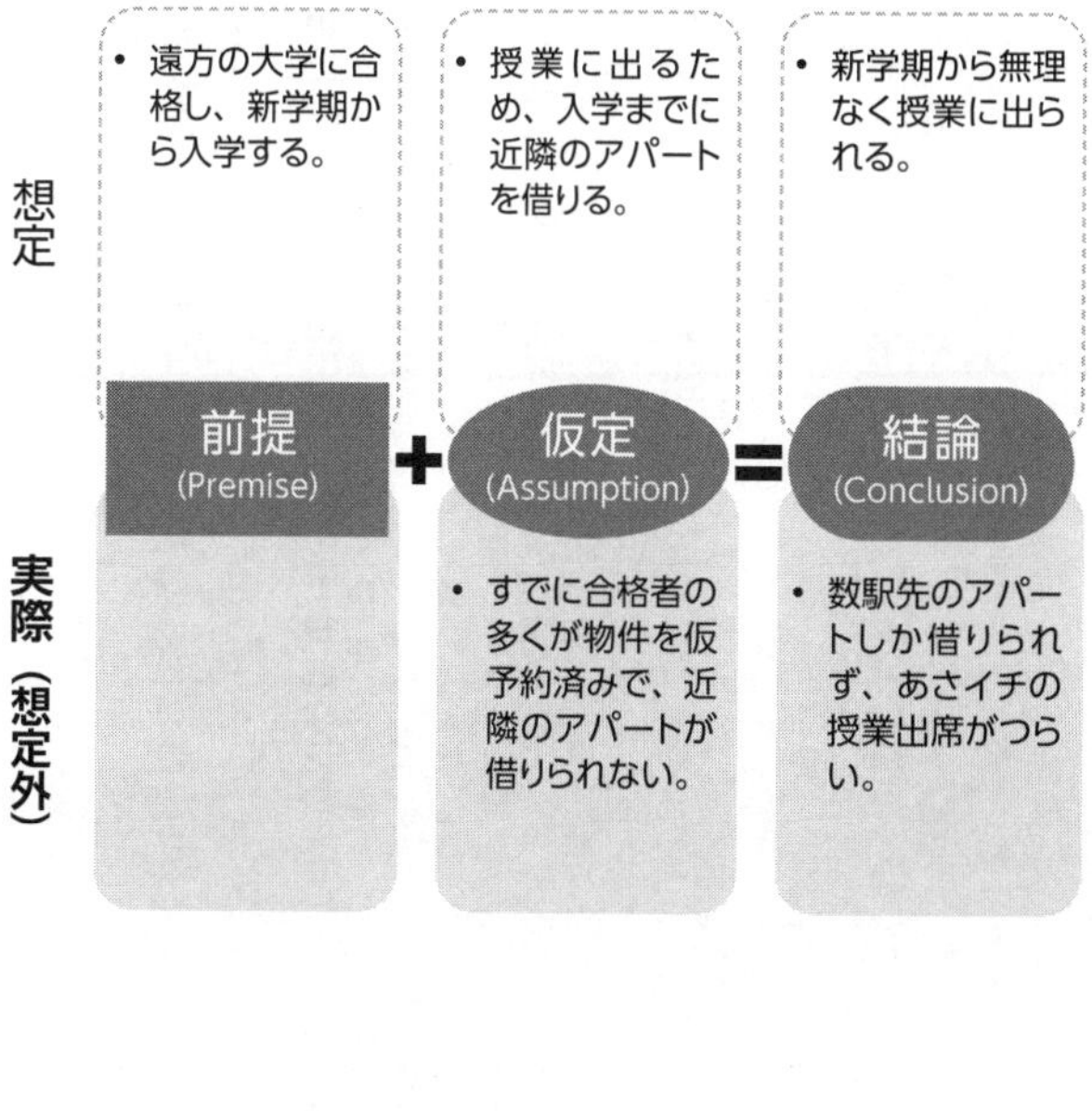
想定
• 遠方の大学に合格し、新学期から入学する。
• 授業に出るため、入学までに近隣のアパートを借りる。
• 新学期から無理なく授業に出られる。
前提
(Premise)
+
仮定
(Assumption)
=
結論
(Conclusion)
実際（想定外）
• すでに合格者の多くが物件を仮予約済みで、近隣のアパートが借りられない。
• 数駅先のアパートしか借りられず、あさイチの授業出席がつらい。

1-3 ≫結論（C：Conclusion）とはなにか？

結論（Conclusion）は、前提（Premise）と仮定（Assumption）に基づいて導き出される最終的な判断や決定です。結論は、論理的思考の終着点であり、前提と仮定の妥当性によってその信頼性が左右されます。**結論が正確であるためには、その土台となる前提と仮定がしっかり検証されることが重要**です。結論の特徴は次の通りです。

意思決定の根拠：正確な結論を導き出すことで、効果的な行動計画が立ちます。
問題解決の方向性：明確な結論によって、具体的なステップも明確になります。
説明責任：論理的に導かれた結論は、他者の理解と支持を得ることができます。

■結論を導き出すためのプロセス

結論を導き出すためには、４つのステップを踏みます。

ステップ① 前提の確認：

まず、前提が正確であることを確認します。前提は、確定された事実や広く受け入れられた認識です。これが間違っていると、どれだけ仮定が正しくても、結論は誤ったものになります。例として、地球温暖化について、結論を導くまでの流れを示します。

前提：地球温暖化は進行している。
：温室効果ガスの増加が地球温暖化の主な原因である。

ステップ② 仮定の設定と検証：

次に、前提に基づいて仮定を設定します。この仮定が結論に至るための条件となります。仮定は不確定な要素であるため、その妥当性を検証することが重要です。

仮定：温室効果ガスの排出が現状のまま続く。
：海面上昇の速度が過去の予測通りである。

ステップ③　論理的な推論：

前提と仮定を基に、ロジカルにその後のことを推論します。ここでの推論が飛躍《ひやく》しないように、論理的な一貫性を保ちながら結論を導き出します。

（推論）・温室効果ガスの排出が続くと、地球温暖化が進行するのではないか。
・地球温暖化が進行することで、海面上昇が起こると思われる。
・海面上昇により、沿岸地域の生態系や人々の生活に深刻な影響が及ぶ。

ステップ④　結論の導出：

最後に、前提と仮定に基づいた推論の結果として結論を導き出します。この結論は、前提と仮定が正しい限りにおいて妥当なものとなります。

結論：このまま温室効果ガスの排出を削減しなければ、海面上昇によって沿岸地域の生態系や人々の生活に深刻な影響が及ぶ。

■3つの観点で結論の妥当性を高める

結論の妥当性を高めるためには、３つの観点が重要です。

①データの裏付け：

結論を支えるデータや証拠を示すことで、結論の信頼性を高めます。信頼できる情報源からのデータを使用し、結論を補強します。

(例) 海面上昇に関する科学的データや研究結果を引用する。

②専門家の意見：

結論の妥当性を確認するために、専門家の意見を取り入れます。専門家の知見は、結論の信頼性を高める重要な要素となります。

(例) 気候変動の専門家や環境科学者の意見を参考にする。

③実験や観察：

仮定が現実にどの程度一致するかを確認するために、実験や観察を行います。これにより、仮定の妥当性を実証することができます。

(例) 地域での海面上昇の影響を観察し、そのデータを基に結論を強化する。

■**結論の提示方法**

効果的に伝えるために、**結論はシンプルで明確に**示します。複雑な言い回しを避け、要点を端的《たんてき》に伝えることが重要です。

また、**結論を支える証拠を具体的に示します**。データや具体的な事例を用いて、結論の信頼性を高めます。

加えて、結論に基づいて、**具体的な提案**を示します。これにより、結論が現実的で実行可能なものであることを示します。

（例）・温室効果ガスの排出で、海面上昇が沿岸地域に深刻な影響を及ぼす。
・2006〜2018年で海面は年平均3・7ミリメートル上昇していることが判明している。
・政府や企業は、再生可能エネルギーの導入加速で温室効果ガスの排出削減に取り組むことが求められる。

【まとめ】

「結論（Conclusion）」は、論理的思考の集大成として非常に重要です。前提と仮定の妥当性を検証し、それに基づいて論理的に結論を導き出すことで、信頼性の高い意思決定が可能となります。

データの裏付けや専門家の意見を活用し、結論の信頼性を高めることが重要です。シンプルで明確な結論を提示し、実行可能な提案を示すことで、結論が効果的に伝わり、実際の行動に結びつくでしょう。

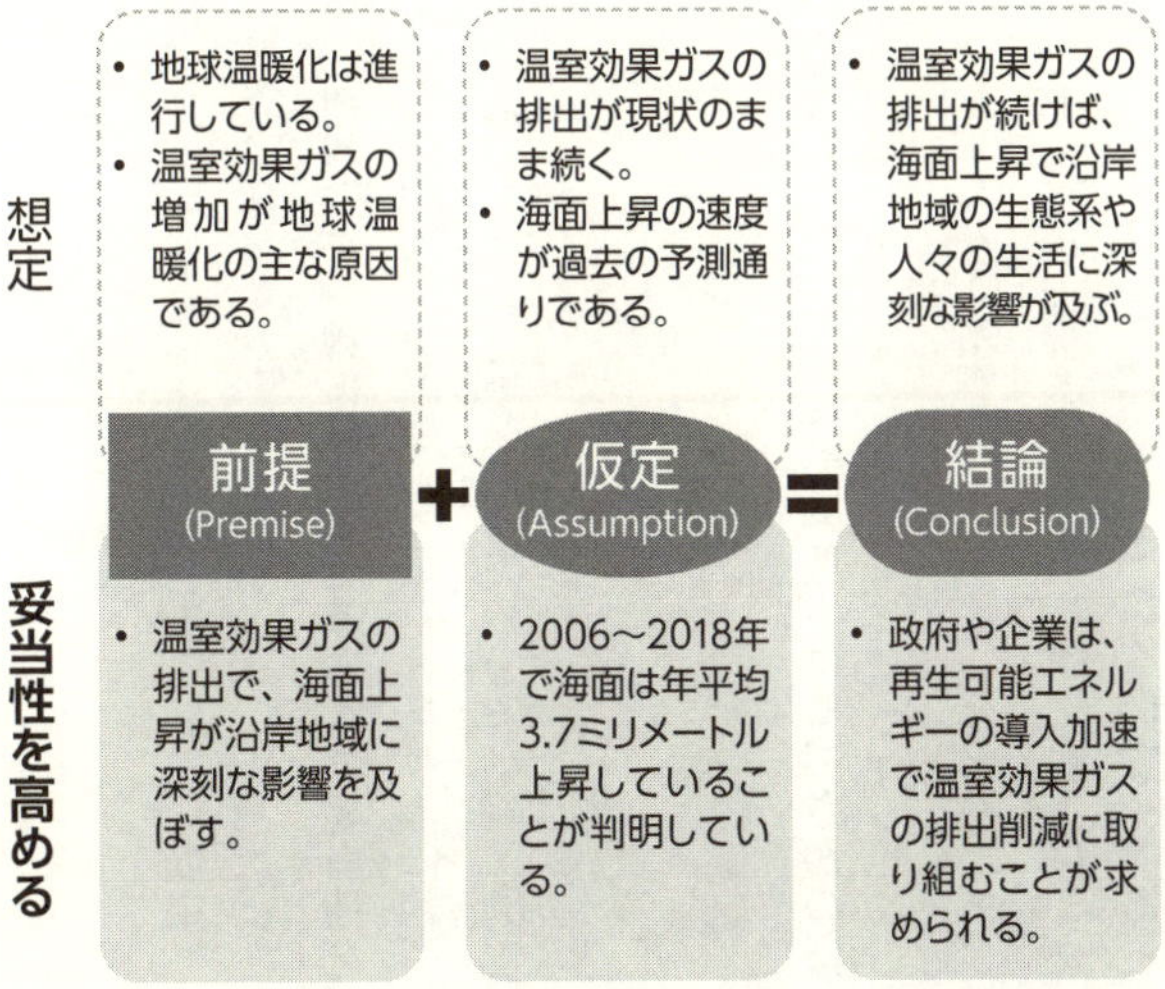

想定
• 地球温暖化は進行している。
• 温室効果ガスの増加が地球温暖化の主な原因である。
• 温室効果ガスの排出が現状のまま続く。
• 海面上昇の速度が過去の予測通りである。
• 温室効果ガスの排出が続けば、海面上昇で沿岸地域の生態系や人々の生活に深刻な影響が及ぶ。
前提
(Premise)
+
仮定
(Assumption)
=
結論
(Conclusion)
妥当性を高める
• 温室効果ガスの排出で、海面上昇が沿岸地域に深刻な影響を及ぼす。
• 2006〜2018年で海面は年平均3.7ミリメートル上昇していることが判明している。
• 政府や企業は、再生可能エネルギーの導入加速で温室効果ガスの排出削減に取り組むことが求められる。

1-4 ≫PAC思考の歴史と発展

繰り返しになりますが、ＰＡＣ思考とは、Premise（前提）、Assumption（仮定）、Conclusion（結論）の３つの要素を用いた思考プロセスです。このフレームワークは、**ロジックの「結論」に対して、事実にあたる「前提」と推測にあたる「仮定」の妥当性を確認するため**のものです。ＰＡＣ思考は、複雑な問題解決や意思決定のプロセスにおいて、ロジックの構造を検証し、個々の要素を明確にして、より洞察《どうさつ》力のある結論に到達することを目的としています。

■ＰＡＣ思考の起源

ＰＡＣ思考の概念は、古代ギリシアの哲学者アリストテレスの論理学にまでさかのぼります。

アリストテレスは、論理的な思考の基礎として、三段論法（Syllogism）を提唱しました。これは、「すべての人間は死すべき存在である（大前提）」、「ソクラテスは人間である（小前提）」、そして「ソクラテスは死すべき存在である（結論）」という形で、前提と結論の関係を示すものでした。

この考え方は、ＰＡＣ思考の前提（Premise）と結論（Conclusion）の概念に通じるものがあります。

■中世から近代への発展

中世においても、論理学は学問の基礎として重要視されていました。特にトマス・アクィナスは、アリストテレスの論理学をキリスト教の教義に取り入れ、神学と哲学を統合しようとしました。彼の著作『神学大全』は論理的な推論と前提の重要性を強調しており、これが後のＰＡＣ思考の発展に影響を与えました。

ルネサンス期には科学革命が起こり、論理的思考と実験的検証の重要性がさらに強調されるようになりました。デカルトやベーコンといった哲学者たちは、疑うことから始める方法論を提唱し、確実な前提に基づいた論理的な推論の重要性を説きました。これにより、前提と仮定を明確にすることの重要性が再認識され、ＰＡＣ思考の基盤が築かれました。

■近代から現代への進化

近代に入ると、論理学は数学や科学の分野で重要な役割を果たすようになります。特に19世紀から20世紀初頭にかけて、ジョージ・ブールやゴットロープ・フレーゲといった数学者・論理学者が形式論理の基礎を築きました。彼らの研究は、前提、仮定、結論の関係を形式化し、論理的推論の厳密さを追求しました。

20世紀には、カール・ポパーやルートヴィヒ・ウィトゲンシュタイン等の哲学者が、科学的探究における仮説検証の重要性を強調しました。ポパーの反証可能性の原理は、科学的理論は常に仮定を検証するものであるべきだと示唆《しさ》しており、これがＰＡＣ思考の仮定（Assumption）の検証に直接つながります。

■現代のビジネスとＰＡＣ思考

現代において、ＰＡＣ思考はビジネスや経営戦略の分野で広く活用されています。企業は複雑な意思決定を行う際に、ＰＡＣ思考を用いて、前提、仮定、結論を明確にし、それぞれの妥当性を検証します。これにより、リスクを最小限に抑え、より正確な意思決定を行うことができるようになります。

たとえば、世界を席巻《せっけん》したiPhoneのマーケティング戦略が立てられた際、次のようなPAC思考で戦略の妥当性を検証したことでしょう。

前提：消費者は従来の携帯電話よりも多機能なデバイスを求めている。
：既存スマホ（ブラックベリー等）は画面操作の使い勝手が万人《ばんにん》向けではない。
：当社の熱烈なファンは新製品を積極的に試してくれる。

仮定：タッチスクリーンとアプリのエコシステムが消費者に受け入れられる。
：心地よい画面操作を経験した消費者は当社のスマホをほしがる。

結論：市場にiPhoneを投入し、従来の携帯電話市場を変革する。

PAC思考のロジックは一度立てて終わりではありません。結論の確実性を高めるために、仮定で示した内容の検証（仮説検証）を繰り返し、ロジックの精度を高めます。
開発者に対しては、コミュニティ形成を通じて、プロトタイプの使用感を確認してもらい、タッチスクリーンの操作性とアプリエコシステムを評価しました。消費者に対しては、ベータテストとフィードバック収集を通じて、iPhoneが提供するユーザー体験を競合製品と比較し、手ごたえを深めていきました。

■PAC思考の教育への応用

PAC思考は教育の現場でも重要な役割を果たしています。論理的思考力を養うために、学生たちは、前提、仮定、結論の関係を理解し、論理的に考える訓練を受けます。これにより、複雑な問題に対する解決策を効果的に見つける能力が向上します。

たとえば、レポートや論文を作成する際、次のようにPAC思考を活用できます。

前提：すでに知られている事実やデータはなにか？
仮定：自分の主張が成り立つために必要な条件や予測はなにか？
結論：前提と仮定を基に、どのような主張や結果が導き出されるか？

論理的一貫性を保つこと、仮定の妥当性を検証すること、明確な結論を提示することが、PAC思考によるロジックの整理で可能になります。

■これからのＰＡＣ思考

ＰＡＣ思考は、今後も様々な分野で、その重要性が増していくと考えられます。特に、人工知能（ＡＩ）やデータサイエンスの分野では、膨大《ぼうだい》なデータを基に仮定を立て、それを検証するプロセスが不可欠です。ＡＩアルゴリズムは、前提データに基づいて仮定を生成し、それに基づいて予測や判断を行います。この過程でＰＡＣ思考のフレームワークが活用されることで、ＡＩの精度と信頼性が向上します。

また、気候変動や医療等の複雑な問題に対しても、ＰＡＣ思考は有効です。科学者や研究者は、前提データに基づいて仮定を立て、それを実験や観察を通じて検証します。このプロセスを通じて、より正確な結論に到達し、問題解決に貢献します。

次章より、様々なケースを使って、ＰＡＣ思考によるロジック整理をしてみましょう。

第2章

子どもでもわかるPAC思考

2-1 ≫昔話を使ったPAC思考

PAC思考は、問題解決や意思決定のアプローチに妥当性があるかを論理的に確かめ、その実現可能性を高めるのに役立つ強力なフレームワークです。ですが、この概念を使いこなすためには、その構造をしっかりと理解する必要があります。この章では、シンプルで親しみやすい題材を使って、論理の妥当性を確かめる方法を学びましょう。

まず、日本の有名な昔話を題材に、PAC思考の具体例を通して、その理解を深めてみることにします。取り上げるのは「桃太郎」です。桃太郎は鬼ヶ島へ鬼退治《おにたいじ》に行く話ですが、最初に、**「鬼ヶ島の鬼が、村々に被害を与えている」**という前提に問題があるケースを解説します。続けて、**「桃太郎一行《いっこう》（イヌ・サル・キジを含む）が力を合わせれば、鬼を倒すことができる」**という仮定に問題があるケースを解説します。最後に、**「桃太郎一行が鬼ヶ島に行き、鬼を退治することで村々は平和に暮らせる」**という結論に問題があるケースを解説します。

桃太郎が鬼退治をして村に平和が訪れる

	前提 (Premise)	+	仮定 (Assumption)	=	結論 (Conclusion)
2-1-1	• 鬼ヶ島の鬼が、村々に被害を与えている。	+	• 桃太郎一行が鬼を退治すれば、鬼による被害がなくなる。	=	• 桃太郎一行が鬼ヶ島に向かい、鬼を退治する。
2-1-2	• 鬼ヶ島とその一帯の鬼が、村々に被害を与えている。	+	• 桃太郎一行が力を合わせれば、鬼を倒すことができる。	=	• 桃太郎一行が鬼ヶ島とその一帯の鬼を退治する。
2-1-3	• 鬼ヶ島とその一帯の鬼が、村々に被害を与えている。	+	• 力をつけた桃太郎一行が鬼を退治すれば、鬼による被害がなくなる。	=	• 桃太郎一行が鬼ヶ島とその一帯の鬼を退治することで村々は平和に暮らせる。

2-1-1 ≫鬼ヶ島にすべての鬼がいるか？

最初に取り上げるのは、前提に問題があるケースです。
まず、桃太郎が鬼退治に向かう理由となった前提、鬼退治を達成するための仮定、その結果として期待する結論を確認します。

前提：鬼ヶ島の鬼が、村々に被害を与えている。
仮定：桃太郎一行が鬼を退治すれば、鬼による被害がなくなる。
結論：桃太郎一行が鬼ヶ島に向かい、鬼を退治する。

このロジックに従って行動を起こした桃太郎は、どうなったでしょう？
残念ながらうまくいきませんでした。鬼ヶ島の近隣《きんりん》にも襲撃中の鬼たちが点在していることを見落としていたため、鬼ヶ島で一網《いちもう》打尽《だじん》にはできなかったのです。残存した鬼たちが新たな拠点を作り、引き続き村々を襲い続けました。

■問題点：前提の見落とし

ＰＡＣ思考を使って妥当な結論を導くためには、**そもそも前提が正しい必要があります。**桃太郎一行が鬼ヶ島へ向かったのは、そこに鬼がいるからです。鬼ヶ島の鬼を退治することで、鬼の被害はなくなるという仮定を置くことも、鬼ヶ島の鬼がその原因になっているとの前提があるからです。

しかし、鬼ヶ島以外にも鬼がいたらどうなるでしょう。鬼ヶ島の鬼を退治しても、別の場所にいる鬼が村々を襲ってしまうなら、鬼の被害はなくなりません。

桃太郎が前提に加えておくべきであったのは次の点です。

前提：鬼ヶ島の鬼が、村々に被害を与えている。
　　　∴鬼の一部は村々を襲うために鬼ヶ島の外にいる。

村々を襲う鬼の一部が鬼ヶ島の外にいるということは、鬼ヶ島にいる鬼を退治するだけではすべての鬼を退治できるといえなくなります。鬼ヶ島の外で活動している鬼たちの動向を把握《はあく》した上で、鬼たちを効率的に退治する方法を考えなければなりません。島外で活動する鬼たちについて、いつどこでどんなことをしているのか、どれくらいの集団で行動しているのか、事前に情報収集するべきです。鬼たちの行動パターンを把握し、鬼ヶ島の外で活動中の鬼たちの所在を特定、退治する必要があります。

前提を変えることで、仮定と結論も変わります。

当初は「桃太郎一行が鬼ヶ島に向かい、鬼を退治する」だけでしたが、鬼ヶ島の外で活動中の鬼たちへの攻撃計画も盛り込む必要が生じました。「**仮定**：島外の鬼たちは何らかの連絡手段で情報共有している可能性がある」を追加し、仲間のイヌ・サル・キジに指示をして、最大で3つの別動隊チームを組み、島外にいる鬼の集団を各個《かっこ》撃破することで、討ち漏《も》らしを防ぎます。

前提と仮定の変化を踏まえると、「**結論**：イヌ・サル・キジが別動隊を組織して島外の鬼たちを退治する」を追加することが望ましいでしょう。

【まとめ】

こうして桃太郎一行は鬼たちの動向をしっかりと把握し、鬼ヶ島の外で行動中の鬼たちも含めた攻撃計画を立案することにしました。

その結果、イヌ・サル・キジの別動隊による島外の鬼への攻撃と、桃太郎率《ひき》いる本隊による鬼ヶ島への攻撃は同時に行われ、鬼たちを一網打尽にすることができたのです。

めでたし、めでたし。

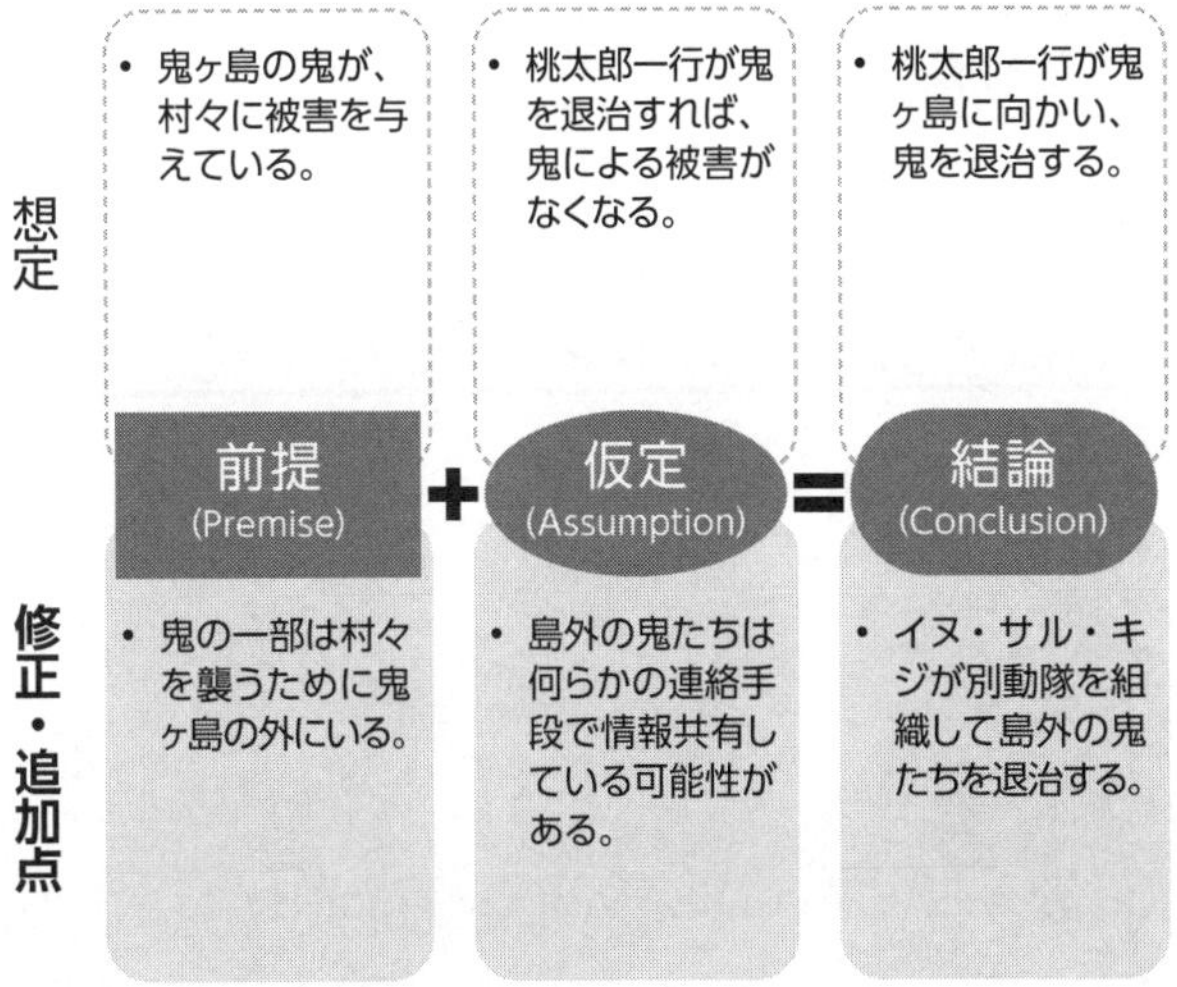

想定
・鬼ヶ島の鬼が、村々に被害を与えている。
・桃太郎一行が鬼を退治すれば、鬼による被害がなくなる。
・桃太郎一行が鬼ヶ島に向かい、鬼を退治する。
前提 (Premise)
+
仮定 (Assumption)
=
結論 (Conclusion)
修正・追加点
・鬼の一部は村々を襲うために鬼ヶ島の外にいる。
・島外の鬼たちは何らかの連絡手段で情報共有している可能性がある。
・イヌ・サル・キジが別動隊を組織して島外の鬼たちを退治する。

2-1-2 ≫鬼を倒すことができるのか？

次に取り上げるのは、仮定に問題があるケースです。

鬼ヶ島一帯の鬼が村々に被害を与えていることを前提に、鬼退治を達成するための仮定、その結果として期待する結論を確認します。

前提：鬼ヶ島とその一帯の鬼が、村々に被害を与えている。
仮定：桃太郎一行が力を合わせれば、鬼を倒すことができる。
結論：桃太郎一行が鬼ヶ島とその一帯の鬼を退治する。

このロジックに従って行動を起こした桃太郎は、どうなったでしょう？

またしてもうまくいきませんでした。鬼ヶ島とその一帯の鬼たちは徒党《ととう》を組んで活動しています。ただでさえ屈強《くっきょう》な鬼が集団で行動することにより、退治する難易度《なんいど》はいっそう高まります。訓練を積んだ戦闘集団を打ち倒すのに十分な戦力が桃太郎一行にあるかといえばノーです。イヌ・サル・キジが鬼を打ち倒すには、鬼以上の戦力を身につける必要があり、集団を率いて数の優勢に頼《たよ》ることも考えるべきです。

■問題点：実現可能性に欠ける仮定

ＰＡＣ思考を使って妥当な結論を導くためには、**正しい前提と実現可能性が見込める仮定が必要**です。

鬼ヶ島とその一帯にいる鬼たちの動向を正確につかんだとしても、最終的には個々の戦闘で勝利しなければなりません。しかし、数十人もの鬼たちは複数個所《かしょ》にいるため、桃太郎はイヌ・サル・キジを別動隊に仕立てて、同時に戦闘を行わなければ鬼たちをすべて退治することはできず、討ち漏らした鬼たちが村々へ反撃することを防げません。

桃太郎が仮定に加えておくべきであったのは次の点です。

仮定：桃太郎一行が力を合わせれば、鬼を倒すことができる。

∴訓練で別動隊を率いる能力をお供が身につける。

キビダンゴを使ってそれぞれ仲間になったイヌ・サル・キジは、桃太郎を主体としたチーム戦では相応《そうおう》の戦力になるかもしれません。しかし、彼らがそれぞれチームのリーダーとして別動隊を動かす能力があるかといえば、怪《あや》しいでしょう。

チームリーダーとしての素養《そよう》があれば、キビダンゴをもらう時点で集団のリーダーという立場にあったはずです。しかし、イヌ・サル・キジはそれぞれ単体で活動しているところを桃太郎と出会い、そこで仲間になっています。むしろ、集団行動ができずに、アウトローとして外で活動せざるを得なかった背景があることも考えられます。やはり、別動隊として活躍してもらうための訓練は必要です。

仮定を変えることで、結論も変わります。

当初は「桃太郎一行が鬼ヶ島とその一帯の鬼を退治する」と考えていましたが、「結論：イヌ・サル・キジが別動隊を組織して島外の鬼たちを退治する」に修正・追加することが望ましいでしょう。

【まとめ】

こうして桃太郎一行は、複数個所にいる鬼たちを同時攻撃する作戦を立案すると同時に、イヌ・サル・キジの能力を現実的に評価した上での訓練計画も進めることにしました。

その結果、イヌ・サル・キジの別動隊による島外の鬼への攻撃と、桃太郎率いる本隊による鬼ヶ島への攻撃は同時に行われ、鬼たちを一網打尽にすることができたのです。

めでたし、めでたし。

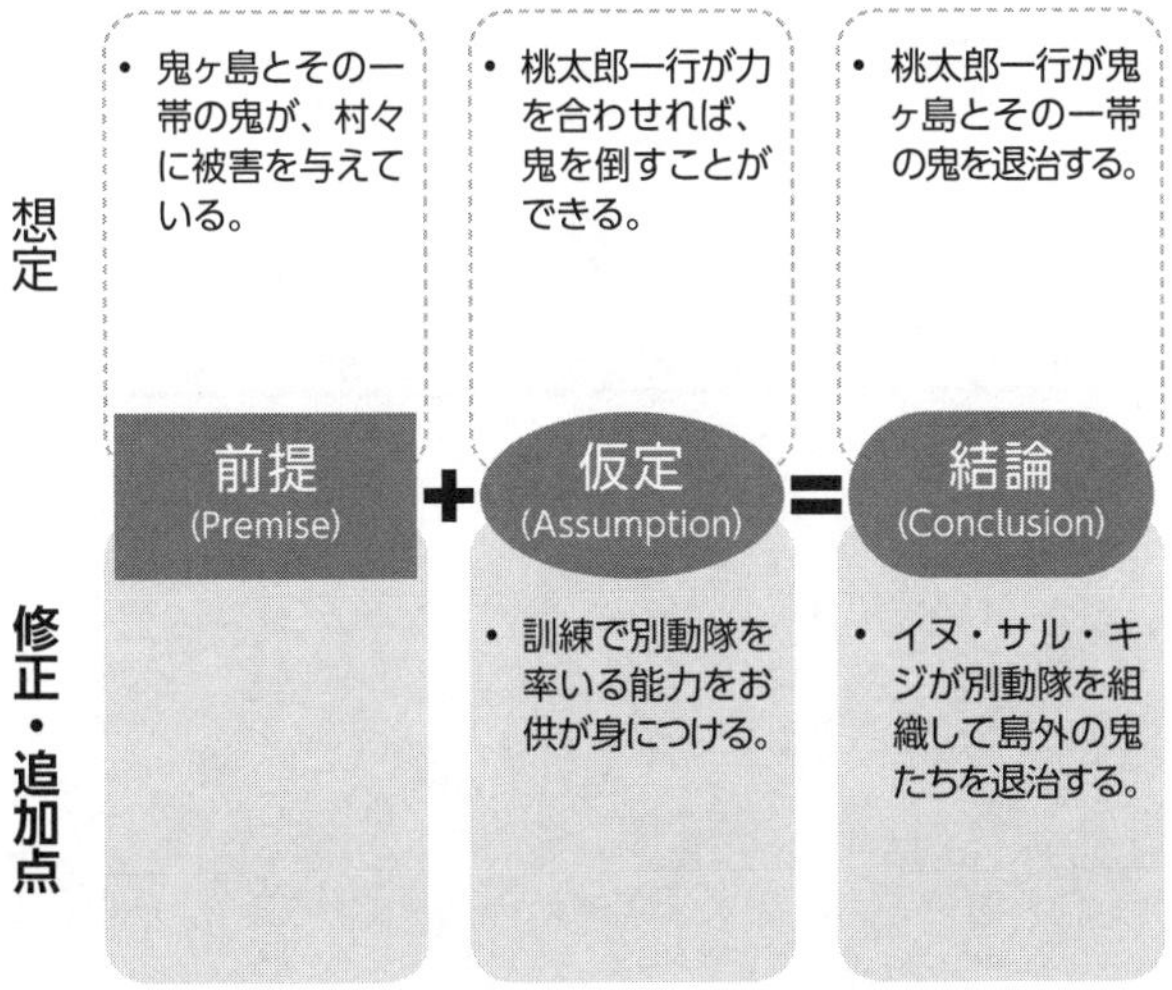

想定
修正・追加点
・鬼ヶ島とその一帯の鬼が、村々に被害を与えている。
・桃太郎一行が力を合わせれば、鬼を倒すことができる。
・桃太郎一行が鬼ヶ島とその一帯の鬼を退治する。
前提 (Premise)
+
仮定 (Assumption)
=
結論 (Conclusion)
・訓練で別動隊を率いる能力をお供が身につける。
・イヌ・サル・キジが別動隊を組織して島外の鬼たちを退治する。

2-1-3 ≫鬼を倒すことで平和は訪れるのか？

最後に取り上げるのは、結論に問題があるケースです。

鬼ヶ島一帯の鬼が村々に被害を与えていることを前提に、鬼退治を達成することで起こる変化の仮定、その結果として期待する結論を確認します。

前提：鬼ヶ島とその一帯の鬼が、村々に被害を与えている。
仮定：力をつけた桃太郎一行が鬼を退治すれば、鬼による被害がなくなる。
結論：桃太郎一行が鬼ヶ島とその一帯の鬼を退治することで村々は平和に暮らせる。

このロジックに従って行動を起こした桃太郎は、どうなったでしょう？

やはりうまくいきませんでした。たしかに鬼たちを退治することはできましたが、鬼たちから村々が受けている被害はすでに甚大《じんだい》でした。平和な暮らしを取り戻すには復興まで含めた金銭的サポートが必要だったのですが、桃太郎一行が持ち帰った鬼の財宝は、むしろ村々の争いのタネとなってしまったのです。

桃太郎が村々の被害状況を把握し、公平感のある金銭的サポートができる復興本部の役割を果たせていたなら、村々のいがみ合いは最小限に収まっていたでしょう。

■問題点：前提と仮定の延長にない結論

PAC思考を使って妥当な結論を導くためには、**前提・仮定・結論の一貫性が重要**です。

鬼を退治することだけを考えた前提と仮定であれば、結論も鬼を退治するところまでしか妥当性を判断できません。その後の復興まで見据《みす》えた結論を考えたいのなら、前提と仮定にも復興に関する設定が求められます。

桃太郎が前提と仮定に加えておくべきであったのは次の点です。

前提：鬼ヶ島とその一帯の鬼が、村々に被害を与えている。
：鬼の財宝は村々の復興に活用できる。

仮定：力をつけた桃太郎一行が鬼を退治すれば、鬼による被害がなくなる。
：鬼退治後、鬼の財宝の分与計画を事前に立てれば、村々の争いを減らせる。

村々の復興計画を事前に策定《さくてい》し、優先順位を明確にします。これには、村々の代表者を集めて会議を行い、協力して復興を進めるための合意形成も必要になるでしょう。桃太郎に鬼退治の実行部隊を任せるのであれば、利害関係者との調整まで彼にやらせるのは酷《こく》な話です。それよりも、桃太郎には鬼退治に特化した役割を任せて、村々の代表者を集めての合意形成は、桃太郎を育てたおじいさんとおばあさんが担当することで、効率的に計画を推進できると思われます。

もし前提と仮定を変えないのであれば、結論から復興に関する想定を外してしまえばロジックは成立します。しかし、**前提と仮定に対して結論が乖離《かいり》しているケースでは、結論で考えていることこそが実現したいゴールになります。ですから、むしろ前提と仮定の掘り下げが足りていないと考え、それぞれを再分析することが望ましい**でしょう。

【まとめ】

こうして桃太郎一行は、お供の能力を強化して別動隊を組織できるようにし、複数個所にいる鬼たちを同時攻撃しました。そして、退治作戦を成功させ、鬼ヶ島にあった財宝を持ち帰ることができました。

当初の取り決めに従い、鬼の財宝は被害に応じて公平に分配され、それを原資に村々は、お互い協力しながら、復興活動を進めることができたのです。こうして月日が流れ、村々はもとの平和な生活を取り戻すことができました。

めでたし、めでたし。

	前提 (Premise)	+	仮定 (Assumption)	=	結論 (Conclusion)
想定	・鬼ヶ島とその一帯の鬼が、村々に被害を与えている。		・力をつけた桃太郎一行が鬼を退治すれば、鬼による被害がなくなる。		・桃太郎一行が鬼ヶ島とその一帯の鬼を退治することで村々は平和に暮らせる。
修正・追加点	・鬼の財宝は村々の復興に活用できる。		・鬼退治後、鬼の財宝の分与計画を事前に立てれば、村々の争いを減らせる。		

2-2 ≫漫画を使ったＰＡＣ思考

今度は昔話ではなく、漫画を題材にＰＡＣ思考を理解していきましょう。

取り上げるのは『ドラえもん』です。

ドラえもんは、主人公であるのび太の未来を明るいものにするため、子孫が送り込んだネコ型ロボットです。おなかの四次元ポケットに、未来から持ってきた様々なひみつ道具をしまい込んであり、それらを使って、困っているのび太を助けるという話です。

ここでは、のび太がテストで低い点を取って困っている状況をひみつ道具で解決する話を取り上げます。最初に、**「のび太がテストで低い点を取って困っている」という前提に問題があるケース**を解説します。続けて、**「ひみつ道具を使えば、のび太がテストで継続的に良い得点を取れる」という仮定に問題があるケース**を解説します。最後に、**「ひみつ道具『アンキパン』等をのび太に渡してテスト勉強させる」という結論に問題があるケース**を解説します。

ひみつ道具で困りごとを解決する

	前提 (Premise)	+	仮定 (Assumption)	=	結論 (Conclusion)
2-2-1	(×) ・のび太がテストで低い点を取って困っている。	+	・ひみつ道具を使えば、のび太がテストで良い得点を取れる。	=	・ひみつ道具『アンキパン』をのび太に使ってテスト範囲を暗記させる。
2-2-2	・のび太がテストで低い点を取って困っている。 ・勉強に後ろ向きな姿勢を母親が心配している。	+	(×) ・ひみつ道具を使えば、のび太がテストで継続的に良い得点を取れる。	=	・ひみつ道具『アンキパン』等をのび太に使ってテスト勉強させる。
2-2-3	・のび太がテストで低い点を取って困っている。 ・勉強に後ろ向きな姿勢を母親が心配している。	+	・ひみつ道具を使えば、のび太がテストで良い得点を取れる。	=	(×) ・ひみつ道具『アンキパン』等をのび太に渡してテスト勉強させる。

2-2-1 ≫テストの点が低いことが悪いことか?

最初に取り上げるのは、前提に問題があるケースです。

まず、のび太がテストで低い点を取って困っている状況に対して、ドラえもんがひみつ道具で解決を図《はか》る際の前提、仮定、その結果として期待する結論を確認します。

前提:のび太がテストで低い点を取って困っている。
仮定:ひみつ道具を使えば、のび太がテストで良い得点を取れる。
結論:ひみつ道具『アンキパン』をのび太に使ってテスト範囲を暗記させる。

このロジックに従って行動を起こした結果、どうなったでしょうか?

残念ながら、うまくいきませんでした。そもそも、のび太はテストで低い点を取ることと自体は気にしていません。それよりも、そのペナルティによって母親から遊びを禁止されることを心配していました。

■問題点：前提の見落とし

ＰＡＣ思考を使って妥当な結論を導くためには、**そもそも前提が正しい必要があります。**ドラえもんが出したひみつ道具『アンキパン』は、覚えたい内容が書かれている紙に押しつけると、その内容が転写されます。その状態の『アンキパン』を食べると、転写された内容が自分の記憶に残り、覚えることができるという便利な道具です。**これを使えば、テスト範囲を記憶でき、良い得点が取れるという仮定を置くのは、テストの点が低いことが悩みであるとの前提があるから**です。

しかし、母親から課されるペナルティの主因に、テストの得点の良《よ》し悪《あ》しだけでなく、勉強への後ろ向きな姿勢もあったとしたら、どうでしょう。その場合、ドラえもんは次の点を考慮すべきでした。

前提：のび太がテストで低い点を取って困っている。
∴勉強に後ろ向きな姿勢を母親が心配している。

いくらテストで良い点を取っても、まぐれではないかと母親に疑問を感じさせてしまうなら、引き続き、テストの得点に一喜一憂《いっきいちゅう》する生活が続くでしょう。それよりも、勉強に向き合う姿勢を母親に見せることで、一人で勉強することへの信用を得ることができます。そうすれば、母親に都度《つど》のテスト結果でペナルティを与えられることがなくなり、のび太は自分のペースで遊びと勉強を両立できるようになります。

前提を変えることで、仮定と結論も変わります。

当初の前提は「のび太がテストで低い点を取って困っている」だけでしたが、勉強について母親からの信用を得る必要が生じました。「**仮定**：母親はテストの点が悪くても勉強する姿勢そのものを評価する」を追加し、集中して勉強ができる姿を母親にしっかりと見せつけて、勉強することへの信用を獲得しましょう。

前提と仮定の変化を踏まえると、勉強姿勢への信用を得るため、「**結論**：母親の前で『集中力増強シャボンヘルメット』[1]を使って一心不乱に勉強する姿を見せる」を追加することが望ましいでしょう。

1.『集中力増強シャボンヘルメット』
何かをやりかけている時にこのスプレーで出したシャボンヘルメットを頭にかぶると、夢中になっていつまでも続けられる。
https://www.tv-asahi.co.jp/doraemon/story/0659/

【まとめ】

のび太は、公式・用語・出来事等、知識分野は『アンキパン』でしっかり覚え、『集中力増強シャボンヘルメット』を使った状態で母親のいるダイニングのテーブルでときどき勉強するようにしました。

その結果、「こんなに集中して勉強するなら得点がよくなくても大丈夫」との信用を母親から獲得し、自分のペースで遊んだり勉強したりする権利を獲得できました。これでテストの得点に一喜一憂することもなくなりました。

めでたし、めでたし。

	前提 (Premise)	仮定 (Assumption)	結論 (Conclusion)
想定	・のび太がテストで低い点を取って困っている。	・ひみつ道具を使えば、のび太がテストで良い得点を取れる。	・ひみつ道具『アンキパン』をのび太に使ってテスト範囲を暗記させる。
修正・追加点	・勉強に後ろ向きな姿勢を母親が心配している。	・母親はテストの点が悪くても勉強する姿勢そのものを評価する。	・母親の前で『集中力増強シャボンヘルメット』を使って一心不乱に勉強する姿を見せる。

2-2-2 ≫良い得点を継続的に取れるのか？

次に取り上げるのは、仮定に問題があるケースです。テストの点数が低いこと、勉強に後ろ向きな姿勢を母親が心配していることを前提に、良い得点を継続的に取るための仮定、その結果として期待する結論を確認します。

前提：のび太がテストで低い点を取って困っている。
：勉強に後ろ向きな姿勢を母親が心配している。
仮定：ひみつ道具を使えば、のび太がテストで継続的に良い得点を取れる。
結論：ひみつ道具『アンキパン』等をのび太に使ってテスト勉強させる。

このロジックに従って行動を起こしたのび太は、どうなったでしょう？
またしてもうまくいきませんでした。『アンキパン』に加えて『集中力増強シャボンヘルメット』を使って勉強に打ち込む姿勢を母親に見せつけることができましたし、単発のテストで満点を取ることもできました。しかし、『アンキパン』を使っていちいちテスト範囲をコピーすることが徐々に億劫《おっくう》になり、『集中力増強シャボンヘルメット』を着用する行為も面倒《めんどう》になって、1か月も経過するとひみつ道具を使わなかった頃に逆戻り。再びテストで低い得点を取るようになってしまいました。

■問題点：実現可能性に欠ける仮定

PAC思考を使って妥当な結論を導くためには、**正しい前提と実現可能性が見込める仮定が必要**です。ひみつ道具を使ってのび太がテストで高得点を取れるようになっても、それが継続しなければ意味がありません。ドラえもんが仮定に加えておくべきであったのは次の点です。

仮定：ひみつ道具を使えば、のび太がテストで継続的に良い得点を取れる。
：ひみつ道具を使い続ける仕組みがある。

ひみつ道具は一時的な改善をもたらしますが、使うのをやめてしまえば、そこで効果は途切《とぎ》れます。『アンキパン』を使わなくなれば記憶力は元に戻り、『集中力増強シャボンヘルメット』の使用をやめれば、勉強に打ち込む姿勢を母親に見せることもなくなります。それを使い続ける仕組みがあってこそ、状況改善を続けることができることに、ドラえもんは気付きました。

そのためには、ひみつ道具を使う手間《てま》を上回るメリットをのび太が感じ続けるか、道具を使い続けることを強制する新たなひみつ道具を用いる必要があります。

仮定を変えることで、結論も変わります。

当初は「ひみつ道具『アンキパン』等をのび太に使ってテスト勉強させる」ことを考えていましたが、のび太がひみつ道具を使い続ける仕組みが必要になりました。ドラえもんのひみつ道具には、守りたいスケジュールを書いて入れるとそれを強制的に守らせる『スケジュールどけい』[2]というロボットがあります。「**結論**：ひみつ道具『スケジュールどけい』で他のひみつ道具の定期的な利用をさせる」を追加することが望ましいでしょう。

2.『スケジュールどけい』
この時計にこれからの予定を書いたカードを入れると、そのスケジュールを必ず実行させてくれる。
https://www.tv-asahi.co.jp/doraemon/story/0495/

【まとめ】

のび太は、公式・用語・出来事等、知識分野は『アンキパン』でしっかり覚え、『集中力増強シャボンヘルメット』を使った状態で母親のいるダイニングのテーブルでときどき勉強するようにしました。さらに、この状態が継続するよう、『スケジュールどけい』を使って習慣化することにも成功しました。

その結果、勉強への信用を母親から獲得し、自分のペースで遊んだり勉強したりする権利を獲得できたのです。

めでたし、めでたし。

	前提 (Premise)	仮定 (Assumption)	結論 (Conclusion)
想定	・のび太がテストで低い点を取って困っている。 ・勉強に後ろ向きな姿勢を母親が心配している。	・ひみつ道具を使えば、のび太がテストで継続的に良い得点を取れる。	・ひみつ道具『アンキパン』等をのび太に使ってテスト勉強させる。
修正・追加点		・ひみつ道具を使い続ける仕組みがある。	・ひみつ道具『スケジュールどけい』で他のひみつ道具の定期的な利用をさせる。

2-2-3 ≫ひみつ道具をうまく使えるか？

最後に取り上げるのは、結論に問題があるケースです。

テストの点数が低いこと、勉強に後ろ向きな姿勢を母親が心配していることを前提に、勉強の問題点を解決するための仮定、その結果として期待する結論を確認します。

前提：のび太がテストで低い点を取って困っている。
：勉強に後ろ向きな姿勢を母親が心配している。
仮定：ひみつ道具を使えば、のび太がテストで良い得点を取れる。
結論：ひみつ道具『アンキパン』等をのび太に渡してテスト勉強させる。

このロジックに従って行動を起こしたのび太は、どうなったでしょう？

やはりうまくいきませんでした。たしかにドラえもんの渡してくれたひみつ道具は完璧な効果をもたらしてくれますが、肝心《かんじん》なのはそれをどう使うかです。ひみつ道具を渡されたのび太は『アンキパン』を活用しようとしたのですが、テスト範囲を誤っていたために、まったく関係ない部分を暗記してしまいました。その結果、テストの得点は今まで通り低く、母親から怒られてしまったのです。

■問題点：前提と仮定の延長にない結論

PAC思考を使って妥当な結論を導くためには、**前提・仮定・結論の一貫性が重要です。ひみつ道具を使うことだけを考えた前提と仮定であれば、結論も、ひみつ道具が正しく使われたという想定に基づくことになります。**しかし、のび太はテスト範囲を誤って覚えていたために、必要な部分を暗記することができませんでした。

ドラえもんが前提と仮定に加えておくべきであったのは次の点です。

前提：のび太がテストで低い点を取って困っている。
：勉強に後ろ向きな姿勢を母親が心配している。
：のび太はひみつ道具の使い方に詳しくない。

仮定：ひみつ道具を使えば、のび太がテストで良い得点を取れる。
：使い方をサポートすることでひみつ道具を正しく使用できる。

ひみつ道具はドラえもんの持ち物であり、当然、のび太は使うのが初めてです。うまく使うためにサポートが必要でしょう。ちゃんとテスト範囲を特定してから『アンキパン』を使っているのか、ドラえもんが確認し、正しい範囲で使わせるようにします。くわえて、勉強する姿勢を母親に見せる必要性も説明し、『集中力増強シャボンヘルメット』の使いどころも指導してあげれば、さらにのび太の印象を高めることができるでしょう。

もし前提と仮定を変えないのであれば、「ドラえもんがのび太にひみつ道具を使う」ということにすればロジックは成立します。しかし、**前提と仮定に対して結論が乖離しているケースでは、結論で考えていることこそが実現したいゴールになります**。毎回ドラえもんが指導するよりも、のび太に自分でひみつ道具を使いこなせるようになってもらえれば、より柔軟にテスト対策をすることができます。前提と仮定の掘り下げが足りていないと考え、それぞれを再分析することが望ましいでしょう。

【まとめ】

のび太は『アンキパン』の注意点をドラえもんからしっかりと教わり、食べる量を必要最小限にすることができました。また、『集中力増強シャボンヘルメット』を使って母親へのアピールをするタイミングもアドバイスしてもらい、母親ののび太に対する印象も大幅に向上させることができました。

その結果、勉強への信用を母親から獲得し、自分のペースで遊んだり勉強したりする権利を獲得できたのです。

めでたし、めでたし。

	前提 (Premise)	仮定 (Assumption)	結論 (Conclusion)
想定	• のび太がテストで低い点を取って困っている。 • 勉強に後ろ向きな姿勢を母親が心配している。	• ひみつ道具を使えば、のび太がテストで良い得点を取れる。	• ひみつ道具『アンキパン』等をのび太に渡してテスト勉強させる。
修正・追加点	• のび太はひみつ道具の使い方に詳しくない。	• 使い方をサポートすることでひみつ道具を正しく使用できる。	

第3章

学校や日常生活でのPAC思考

3-1 ≫学校のシーンを使ったPAC思考

前章では昔話や漫画のエピソードを使って、PAC思考を使った論理の一貫性を確認する方法を解説しました。この章では、さらに具体的なイメージを持っていただくために、学校や日常生活を題材に、PAC思考を使った論理の一貫性の検証を行います。

コロナ禍《か》では、日本中の学校が登校禁止となり、その結果、リモート会議ツールを使った授業スタイルが急速に普及しました。多くの学校で、生徒が遠隔から参加するリモート授業が行われました。対面授業が再開された今、リモート授業をどのように活用するか、そのロジックを検証してみましょう。

まず、**「過《か》疎《そ》化が進む地域の学校で役立つ」という前提に問題があるケース**を解説します。続けて、**「メリットがあるのは学校に直接通えない学生」という仮定に問題があるケース**を取り上げます。最後に、**「該当する教員と学生に限定して提供」という結論に問題があるケース**について解説します。

リモート授業を活用する

	前提 (Premise)	+	仮定 (Assumption)	=	結論 (Conclusion)
3-1-1	・リモート授業は過疎化が進む地域の学校で授業を行うのに役立つ。	+	・リモート授業を受けてメリットがあるのは地方の学生である。	=	・リモート授業は地方の学生に向けて提供する。
3-1-2	・リモート授業は学校に直接通えない学生へ授業を行うのに役立つ。	+	・リモート授業を行ってメリットがあるのは学校に直接通えない学生である。	=	・リモート授業は学校に直接通えない学生に向けて提供する。
3-1-3	・リモート授業は学校に直接通えない学生へ授業を行うのに役立つ。	+	・リモート授業のメリットがあるのは学校に直接通えない教員、学生である。	=	・リモート授業は該当する教員と学生に提供し、使われなくなった設備を別目的に用いて設備効率性を高める。

3-1-1 ≫リモート授業になにが必要か？

最初に取り上げるのは、前提に問題があるケースです。

まず、過疎化が進む地域の学校で生徒に必要な授業をリモートで行うという状況で、リモート授業の導入を図る前提、仮定、その結果として期待する結論を確認します。

前提：リモート授業は過疎化が進む地域の学校で授業を行うのに役立つ。
仮定：リモート授業を受けてメリットがあるのは地方の学生である。
結論：リモート授業は地方の学生に向けて提供する。

このロジックに従ってリモート授業を実施した結果、どうなったでしょう？

残念ながらうまくいきませんでした。画面越しで行うリモート授業には、対面授業と異なるやり方のコツがあります。それを教員に身につけてもらわないと、生徒の授業理解度が大きく下がることが、テストとアンケート結果からわかったのです。

■問題点：前提の見落とし

PAC思考を使って妥当な結論を導くためには、**前提が正しい必要があります**。リモート授業が地方の学生にメリットをもたらすと仮定するのも、リモート授業が有効であるという前提があるからです。しかし、教員がリモート授業のやり方を十分に理解していない場合、授業の効果は大きく減少してしまいます。

リモート授業を成功させるためには、次のような前提が必要です。

前提：リモート授業は過疎化が進む地域の学校で授業を行うのに役立つ。
：教員がリモート授業のやり方を身につけていることが必要である。

リモート授業を成功させるためには、教員がリモート授業の技術や方法を習得し、その上で授業を提供することが重要です。たとえば、画面越しの授業で学生がどんな反応をしているのか、教員が適切に把握できていないと、授業内容を理解できずについていけない層が増えて、全体的な学力低下を招くでしょう。リモート授業ツールがトラブルで動かなくなった場合、そこで授業が止まってしまうので、その代わりになる補講プログラムも考えなければなりません。これらを教員個人の責任で対応させるのは酷です し、教員によって授業の品質に差が生じてしまいます。

リモート授業ツールの使い方、効果的なリモート授業の進め方、トラブルシューティング等を学ぶことで、個々の教員のITスキルに左右されることなく、一定水準で授業を円滑《えんかつ》に進められるようになります。

前提を変えることで、仮定と結論も変わります。

当初の仮定は「リモート授業を受けてメリットがあるのは地方の学生」だけでしたが、「**仮定：**教員がリモート授業のやり方を習得すれば、授業の品質を確保できる」を追加し、教員のリモート授業スキルを向上させることを考えます。

前提と仮定の変化を踏まえると、「**結論：**リモート授業を導入する前に、教員にリモート授業のやり方を身につけさせる」を追加することが望ましいでしょう。

【まとめ】

こうして、リモート授業を提供する前に、教員たちは特有のテクニックを学び、円滑な授業運営に必要な術《すべ》を身につけるべく準備をしました。

その結果、リモート授業を必要とする過疎化地域の学生たちは、満足のいく授業を受けることができるようになりました。

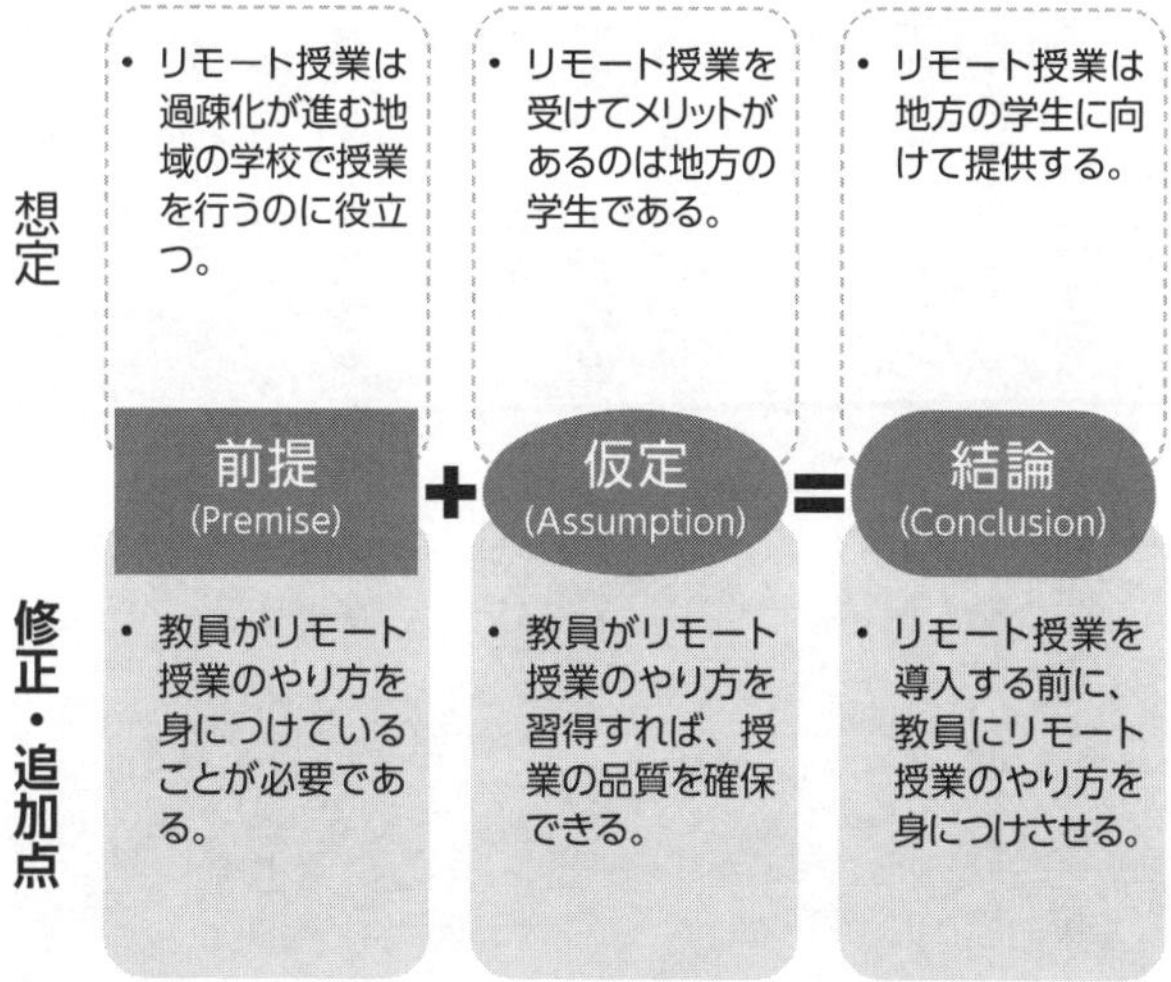
想定
・リモート授業は過疎化が進む地域の学校で授業を行うのに役立つ。
・リモート授業を受けてメリットがあるのは地方の学生である。
・リモート授業は地方の学生に向けて提供する。
前提
(Premise)
+
仮定
(Assumption)
=
結論
(Conclusion)
修正・追加点
・教員がリモート授業のやり方を身につけていることが必要である。
・教員がリモート授業のやり方を習得すれば、授業の品質を確保できる。
・リモート授業を導入する前に、教員にリモート授業のやり方を身につけさせる。

3-1-2 ≫リモート授業は教員の役に立つか？

次に取り上げるのは、仮定に問題があるケースです。

リモート授業は学校に直接通えない学生の役に立つことを前提に、リモート授業によって恩恵《おんけい》を得る対象の仮定、その結果として期待する結論を確認します。

前提：リモート授業は学校に直接通えない学生へ授業を行うのに役立つ。
仮定：リモート授業を行ってメリットがあるのは学校に直接通えない学生である。
結論：リモート授業は学校に直接通えない学生に向けて提供する。

このロジックに従ってリモート授業を実施した結果、どうなったでしょう？

またしてもうまくいきませんでした。リモート授業を行ってメリットがあるのは学校に直接通えない学生だけではなく、本業の仕事等で学校へ来ることが難しい教員たちにもメリットがありました。しかし、教員たちは学校に来ることを義務付けられた結果、もっと講義条件の良い他の学校に引き抜かれてしまいました。

■問題点：実現可能性に欠ける仮定

ＰＡＣ思考を使って妥当な結論を導くためには、**正しい前提と実現可能性が見込める仮定が必要**です。リモート授業が学校に直接通えない学生にメリットをもたらすと仮定するのも、リモート授業が有効であるという前提があるからです。しかし、リモート授業が教員にとってもメリットがあるという点を見落としていました。

リモート授業を成功させるためには、次のような仮定が必要です。

仮定：リモート授業を行ってメリットがあるのは学校に直接通えない学生である。
：リモート授業は多忙な教員の負荷を軽減する。

社会に出てから役立つ実務的なことを教えることは、学生が即戦力として活躍することに役立ちます。たとえば、プログラミングスキルを学んだ学生は、ＩＴ系の仕事における新人育成トレーニングの一部を免除され、早期に業務で活躍できたり、さらに高度な研修を受けることができたりします。

こうした実務的なことを教えられる教員役は現役のビジネスパーソンが最適ですが、彼らは忙しい実務の合間《あいま》を縫《ぬ》って授業を行いますから、可能な限り短い時間で授業を行える環境が求められます。教員もリモートで授業を行えるようにすれば、仕事で活躍している優れたビジネスパーソンの隙間《すきま》時間を確保して、学生向けの講義をお願いできる機会も増えます。

また、教員と学生の全員がリモート授業ツールを使えば、教室の数も減らすことができ、学校の設備投資を抑制することも期待できます。

仮定を変えることで、結論も変わります。

当初は「リモート授業は学校に直接通えない学生に向けて提供する」と考えていましたが、多忙で学校へ来ることが難しい教員が授業を継続できるように使ってもらうこととしたため、「**結論：**多忙な教員も外部参加するリモート授業を提供する」を追加することが望ましいでしょう。

【まとめ】

こうして、リモート授業を多忙な教員にも使ってもらうことで、優秀なビジネスパーソンによる実務的な授業をさらに増やすことができました。

その結果、勉学に加えてビジネススキルも身につけることができると評判になって、受験を希望する学生が増えたのでした。

	前提 (Premise)	仮定 (Assumption)	結論 (Conclusion)
想定	・リモート授業は学校に直接通えない学生へ授業を行うのに役立つ。	・リモート授業を行ってメリットがあるのは学校に直接通えない学生である。	・リモート授業は学校に直接通えない学生に向けて提供する。
修正・追加点		・リモート授業は多忙な教員の負荷を軽減する。	・多忙な教員も外部参加するリモート授業を提供する。

3-1-3 ≫リモート授業はなんのためか？

最後に取り上げるのは、結論に問題があるケースです。

リモート授業は学校に直接通えない学生へ授業を行うのに役立つことを前提に、リモート授業を教員と学生が利用するメリットの仮定、その結果として期待する結論を確認します。

前提：リモート授業は学校に直接通えない学生へ授業を行うのに役立つ。
仮定：リモート授業のメリットがあるのは学校に直接通えない教員、学生である。
結論：リモート授業は該当する教員と学生に提供し、使われなくなった設備は別目的に用いて設備効率性を高める。

このロジックに従ってリモート授業を実施した結果、どうなったでしょう？
やはりうまくいきませんでした。たしかにリモート授業で参加する教員と学生はいましたから、その分、学校に来る人数は減りました。しかし、減った分だけ設備を縮小できるわけではありません。教室に通っていた人のうち、半分がリモート参加になっても、残りの学生はその教室を現地で使うのですから、教室そのものは減らせませんし、建物の構造上、物理的に半分にすることもできません。せめて設備を利用する単位でリモート授業の有無を判断できれば、教室の数を減らすことができたでしょう。

■問題点：前提と仮定の延長にない結論

ＰＡＣ思考を使って妥当な結論を導くためには、**前提・仮定・結論の一貫性が重要**です。教員と学生のことだけを考えた前提と仮定であれば、結論も教員と学生の視点でしか妥当性を判断できません。学校設備の利用効率まで見据えた結論を考えたいのなら、前提と仮定にも設備利用に関する設定が求められます。

リモート授業における設備利用の観点で、前提と仮定に加えておくべきは次の点です。

前提：リモート授業は学校に直接通えない学生へ授業を行うのに役立つ。
　　：現地参加者がいなければ別用途に教室を活用できる。

仮定：リモート授業のメリットがあるのは学校に直接通えない教員、学生である。

∴リモート授業を教員または半数の学生が希望する場合、全員がリモート授業形式で参加する。

ある授業において、教員とすべての学生がリモート授業を必要とすることは稀《まれ》です。ほとんどのケースでは一部のニーズに留まるでしょう。しかし、それでは物理的に教室を利用し続ける必要があり、学校設備は利用率が低くなるだけです。スカスカの教室を維持し続けるのはもったいないですよね。

それなら、リモート授業ニーズが一定条件を満たせば、全員がリモートで授業に参加することにしてしまいましょう。これで不要になる教室の数が増えるので、空《あ》いた教室を特別教室や自習スペースに割り当ててしまいましょう。

もし前提と仮定を変えないのであれば、結論から設備利用に関する想定を外してしまえばロジックは成立します。しかし、**前提と仮定に対して結論が乖離しているケースでは、結論で考えていることこそが実現したいゴールだと捉えてみてください。**

【まとめ】

こうしてリモート授業の実施判断を教室単位でしてもらうことで、現地使用する教室が減った分、手狭《てぜま》になった特別教室の拡張ができるようになりました。

その結果、学校設備の使い勝手もよくなり、やりたいことをサポートできる教室を増やすことができたことで学生の満足度も向上、受験を希望する学生が増えたのでした。

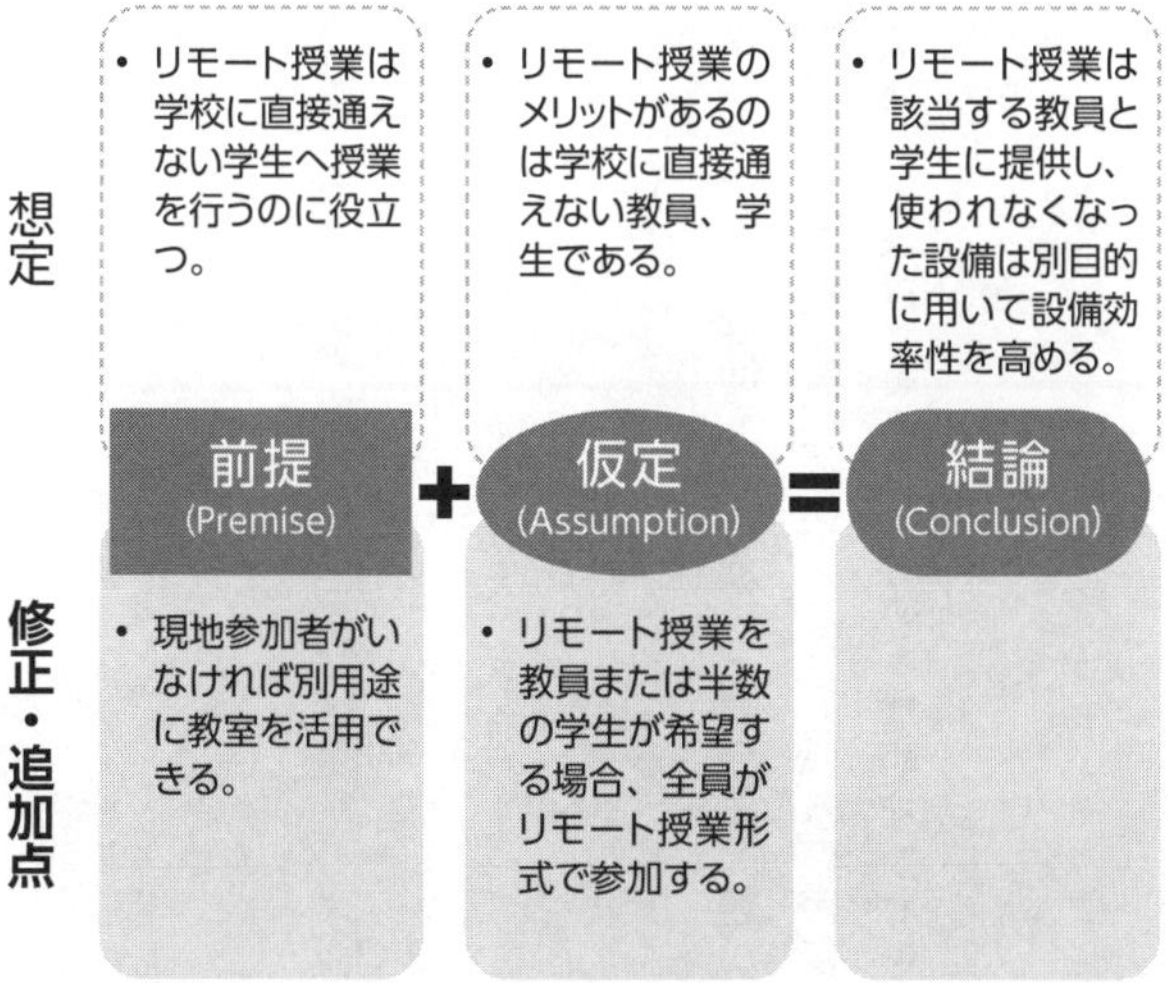
想定
・リモート授業は学校に直接通えない学生へ授業を行うのに役立つ。
・リモート授業のメリットがあるのは学校に直接通えない教員、学生である。
・リモート授業は該当する教員と学生に提供し、使われなくなった設備は別目的に用いて設備効率性を高める。
前提
(Premise)
仮定
(Assumption)
結論
(Conclusion)
修正・追加点
・現地参加者がいなければ別用途に教室を活用できる。
・リモート授業を教員または半数の学生が希望する場合、全員がリモート授業形式で参加する。

3-2 ≫家計で使えるPAC思考

今度は家計を題材にして、PAC思考を理解していきましょう。

世界経済が発展する中、日本の経済成長は停滞しており、多くの家庭が日々の家計管理に苦労しています。限られた収入をどう使うべきか、将来に向けてどのようにお金を貯めるべきか、一度は考えたことがあるでしょう。将来のために備えるお金を「貯金」と呼びます。

ここでは「貯金を増やす」ための考え方を、PAC思考を使って検証してみましょう。まず、**「収入源を大きくしたり数を増やすことで収入は増える」**という前提に問題が**あるケース**を見ていきます。次に、**「生活費を節約するほど貯金は増える」**という仮定に問題が**あるケース**を解説します。最後に、**「積極的に投資することで貯金を増やす」という結論に問題があるケース**を取り上げて解説します。

貯金を増やす

	前提 (Premise)	＋	仮定 (Assumption)	＝	結論 (Conclusion)
3-2-1	• 収入源を大きくしたり数を増やすことで収入は増える。	＋	• 収入を増やすほど貯金は増える。	＝	• 貯金を増やすために、昇進や副業を目指す。
3-2-2	• 生活費を節約すると支出が減る。	＋	• 生活費を節約するほど貯金は増える。	＝	• 貯金を増やすために、節約術を実践して毎月の支出を抑える。
3-2-3	• 収入を増やし支出を減らすことで貯金は増える。	＋	• 節約には限界があるため、収入源の数を増やして貯金を増やす。	＝	• 積極的に投資することで貯金を増やす。

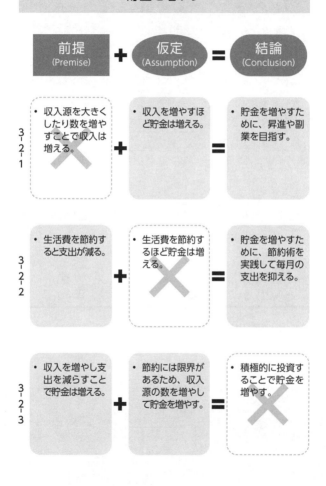

3-2-1 ≫収入が増えれば貯金は増えるのか?

最初に取り上げるのは、前提に問題があるケースです。
まず、貯金を増やしたいという状況に対して、収入を増やすための前提、仮定、その結果として期待する結論を確認します。

前提：収入源を大きくしたり数を増やすことで収入は増える。
仮定：収入を増やすほど貯金は増える。
結論：貯金を増やすために、昇進や副業を目指す。

このロジックに従って行動を起こした結果、どうなったでしょうか?
残念ながら、うまくいきませんでした。仕事で成功して昇進し、ビジネスノウハウを販売する副業で収入は確かに増えましたが、つい色々な出費を重ねてしまって、貯金はほとんど増えずに横ばい状態。どうしてこうなってしまったのでしょう。

■問題点：前提の見落とし

ＰＡＣ思考を使って妥当な結論を導くためには、**そもそも前提が正しい必要があります。**収入源を大きくしたり、収入源の数を増やすことは収入増に直結します。しかし、仕事の量や数を増やしたら、それに伴《ともな》う経費も増えますし、仕事のストレスで無駄遣《むだづか》いをしてしまえば、支出も大きく増えてしまいます。これでは貯金できません。

この前提を成立させるには、収入を増やしても生活水準は変えずに過ごすルールを自身に設定するべきでした。

前提：収入源を大きくしたり数を増やすことで収入は増える。

：収入が増えても生活水準を変えずに過ごす。

たとえば、収入が増えたことで、以前よりも高級な住居に引っ越せば、家賃が上がります。家具や家電を新しく買い替えれば、その分、支出が増えます。平日だけでなく週末も働くようになれば、疲れを取るためにマッサージやエステへ通ったり、健康・美容器具の購入に多くの支出が発生します。外食や旅行の機会が増えれば、日々の楽しみやレジャーに費《つい》やすお金が増えて、収入が貯金に回りません。

収入が増加して支出も増加するなら、貯金は増えません。収入が増えても生活水準を変えずに過ごすためのルールを自分に課すことで、貯金を増やせる状態になります。

前提を変えることで、仮定と結論も変わります。

当初の仮定は「収入を増やすほど貯金は増える」だけでしたが、生活水準を一定のレベルで維持するためのルールを設定する必要が生じました。「**仮定**：生活水準を変えないためのルールを設ける」を追加し、収入増に気をよくしたり、ストレス発散を理由に散財しないようにしましょう。

前提と仮定の変化を踏まえると、具体的なルールとして、「**結論**：収入に対して最低限守るべき貯金額の割合を決める」を追加することが望ましいでしょう。

【まとめ】

収入が増えても支出を過度に増やさないよう、収入から貯金額を最初に差し引き、そこから支出をすることにしました。月末に余剰金があれば、それも貯金に回すことにします。

その結果、収入増が確実に貯金増につながり、自然に貯金が増える環境を整えることができました。

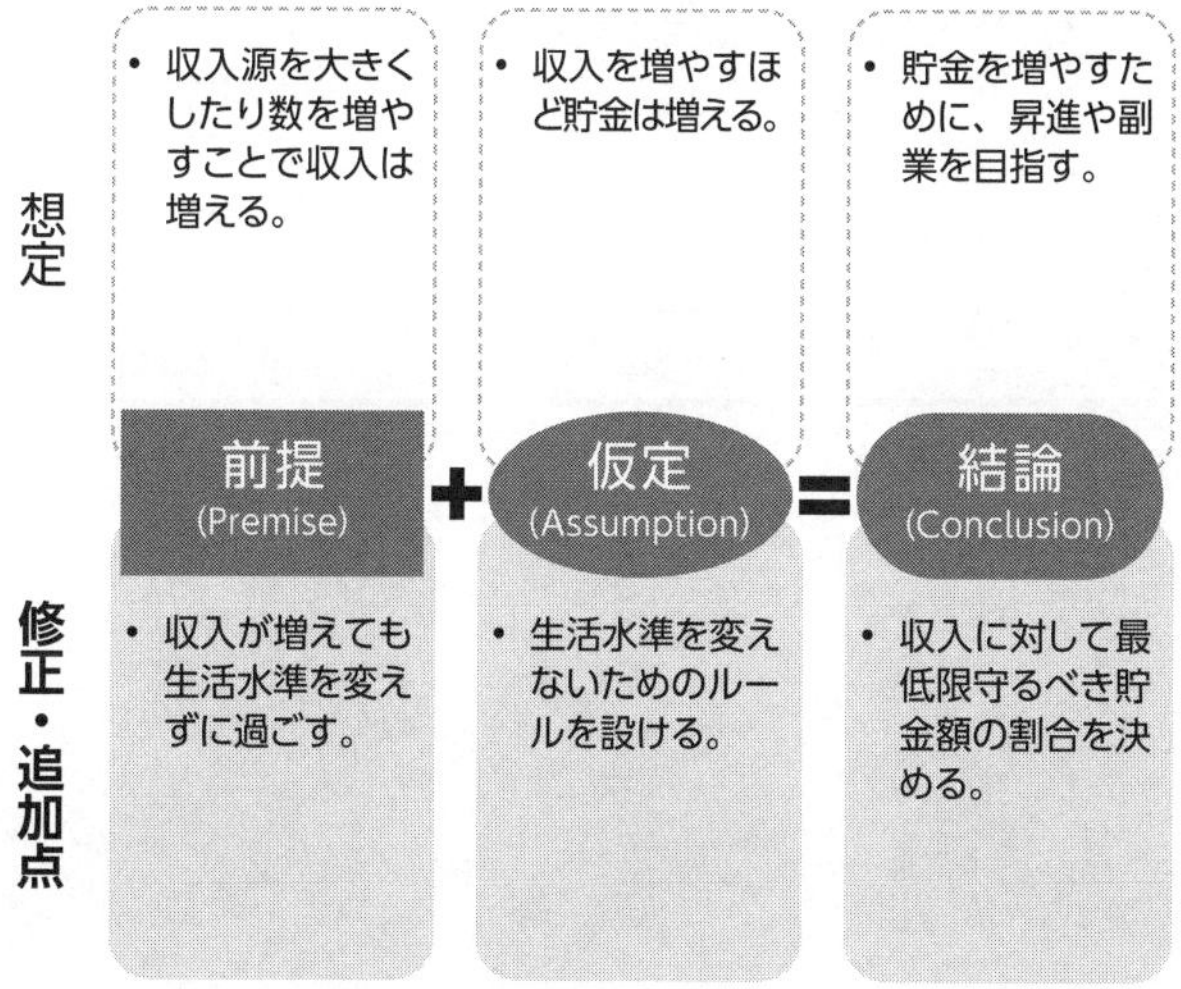
想定
・収入源を大きくしたり数を増やすことで収入は増える。
・収入を増やすほど貯金は増える。
・貯金を増やすために、昇進や副業を目指す。
前提
(Premise)
仮定
(Assumption)
結論
(Conclusion)
修正・追加点
・収入が増えても生活水準を変えずに過ごす。
・生活水準を変えないためのルールを設ける。
・収入に対して最低限守るべき貯金額の割合を決める。

3-2-2 ≫節約メインで貯金は増えるのか？

次に取り上げるのは、仮定に問題があるケースです。

生活費を節約することを前提に、貯金を増やすための仮定、その結果として期待する結論を確認します。

前提：生活費を節約すると支出が減る。
仮定：生活費を節約するほど貯金は増える。
結論：貯金を増やすために、節約術を実践して毎月の支出を抑える。

このロジックに従って行動を起こした結果、どうなったでしょう？

またしてもうまくいきませんでした。生活費全体を見ると金額が大きくても、趣味や食事に多額を費やしていたり、収入に見合わない住居に住んで家賃・ローンの負担が大きいという状況でもない限り、減らしすぎると生活のクオリティが落ちてしまいます。

これをストレスに感じて、無駄な買い物が増えてしまう人もいるでしょう。

■問題点：実現可能性に欠ける仮定

ＰＡＣ思考を使って妥当な結論を導くためには、**正しい前提と実現可能性が見込める仮定が必要**です。生活費を切り詰めて支出を減らしたとしても、それが別の支出に変わってしまえば意味がありません。

新たな支出が増えないよう、仮定に加えておくべきであったのは次の点です。

仮定：生活費を節約するほど貯金は増える。

：生活満足度に影響が出ない範囲で節約する。

生活費とは、日常生活を送るのに必要な費用です。衣食住に必要な費用、仕事や教育に必要な費用、保険・医療や趣味等の費用も含みます。家庭によって費用のバランスは異なりますが、それぞれ割合の目安はあります。たとえば、家賃・ローンは収入の30％以内、食費は15％以内に収める等。一般的な水準と比べて大きく下回るような節約を続けると、生活の中で不満が蓄積していき、いずれ我慢の限界に達するでしょう。その時、節約の反動で無駄遣いを重ねてしまい、今までの貯金を散財してしまう人も少なくありません。

貯金を続けるには、それが持続可能である必要があります。未来への備えのために今を犠牲《ぎせい》にしすぎてはいけません。無理せず続けることができるからこそ、未来のために節約を続けることができるのです。

仮定を変えることで、結論も変わります。

当初は「貯金を増やすために、節約術を実践して毎月の支出を抑える」ことを考えていましたが、無理のない範囲で節約を続ける方法が必要になりました。家計バランスには一般的に知られる生活費の割合（家賃：30％、食費：15％、娯楽・交際費：20％）があります。その範囲を大きく下回らないよう節約するルールがあれば、生活満足度への影響を抑制できます。「**結論**：生活費の一般割合を目安に節約の水準を設ける」を追加することが望ましいでしょう。

【まとめ】

支出を絞《しぼ》る節約術に目安を設けることで、生活水準に不満が出ない範囲で、ゲーム感覚で目標節約額を達成することができるようになりました。

節約できたお金のうち、一部を自分の楽しみに使えるルールも追加したことで、節約するほど自分の楽しみも増える節約ライフが続けられます。収入が増えなくても継続的に貯金できる環境を整えることができたのです。

	前提 (Premise)	仮定 (Assumption)	結論 (Conclusion)
想定	• 生活費を節約すると支出が減る。	• 生活費を節約するほど貯金は増える。	• 貯金を増やすために、節約術を実践して毎月の支出を抑える。
修正・追加点		• 生活満足度に影響が出ない範囲で節約する。	• 生活費の一般割合を目安に節約の水準を設ける。

3-2-3 ≫投資で貯金は増えるのか？

最後に取り上げるのは、結論に問題があるケースです。収入を増やして支出を減らすことで貯金が増えることを前提に、収入源の数を増やすための仮定、その結果として期待する結論を確認します。

前提：収入を増やし支出を減らすことで貯金は増える。
仮定：節約には限界があるため、収入源の数を増やして貯金を増やす。
結論：積極的に投資することで貯金を増やす。

このロジックに従って行動を起こした結果、どうなったでしょう？
やはりうまくいきませんでした。収入源の1つとして投資は有効ですが、リスクも伴います。積極的な投資によって、むしろ貯金を減らしてしまう可能性もあります。

■問題点：前提と仮定の延長にない結論

ＰＡＣ思考を使って妥当な結論を導くためには、**前提・仮定・結論の一貫性が重要**です。収入源を増やすことだけを考えた前提と仮定であれば、結論も収入源を増やす方法になります。収入源を増やす手段の1つである投資に言及《げんきゅう》するなら、前提と仮定にも投資を選択肢にする内容が含まれるべきです。

投資の観点で、前提と仮定に加えておくべきであったのは次の点です。

前提：収入を増やし支出を減らすことで貯金は増える。
：貯金を増やす仕組みとして投資を活用する人が多い。

仮定：節約には限界があるため、収入源の数を増やして貯金を増やす。
：分散、長期の投資を続けると世界経済の発展に比例して貯金が増える。

投資を、貯金を増やす手段として位置付けるなら、その目的で投資を活用する人が多いことを把握し、前提に含めましょう。貯金を増やす手段の中でも投資を選択する人が多いとわかれば、次に考えるのは投資の確実性を高める材料探しです。たとえば、景気を意識せずに毎年一定額を投資し続ける方法（ドル・コスト平均法）であれば、10年単位で投資することで資産を増やせる可能性が高い。実際、米国の株式市場（ＮＡＳＤＡＱ１００指数）は10年で5倍[3]に増えています。

もし前提と仮定を変えないのであれば、「貯金を増やすために有効な手段を見つける」ということにすればロジックは成立します。しかし、**前提と仮定に対して結論が乖離しているケースでは、結論で考えていることこそが実現したいゴール**になります。前提と仮定を変えない場合、結論で示される内容は当たり前すぎて役に立ちません。それよりも、すでに投資という手段に目星《めぼし》をつけているなら、その有効性を評価し、どうやったら貯金を増やしやすくなるかを考えた方が意味があります。

このケースのように、前提と仮定から当たり障《さわ》りのない結論を導くのではなく、**結論が妥当であるためのデータを集めるフレームワークとしてＰＡＣ思考を用いてみると、仮説検証に役立ちます。**

3. 2013年12月27日〜2024年5月3日の株価リターンは5.01倍。
https://nextfunds.jp/semi/article773.html

【まとめ】

収入を増やすのに、働いてお金を稼ぐことは最も確実な方法ですが、稼いだお金を貯金ではなく投資に回して、お金自体を増やすという方法は、この家庭の家計にとって画期《かっき》的なものでした。

分散、長期のルールを仮定して、それに沿った投資を続けることにした結果、景気低迷で一時的に目減りしたことはあったものの、数年単位の投資で、着実に貯金を増やすことができました。

	前提 (Premise)	+ 仮定 (Assumption)	= 結論 (Conclusion)
想定	• 収入を増やし支出を減らすことで貯金は増える。	• 節約には限界があるため、収入源の数を増やして貯金を増やす。	• 積極的に投資することで貯金を増やす。
修正・追加点	• 貯金を増やす仕組みとして投資を活用する人が多い。	• 分散、長期の投資を続けると世界経済の発展に比例して貯金が増える。	

第4章

ビジネスシーンでのPAC思考

4-1 ≫マーケティングにおけるPAC思考

PAC思考は、物事の論理の一貫性を検証するためのフレームワークです。特にビジネスの現場で、その効果が発揮されます。この章では、ビジネスの中でも仮説の検証が重要なマーケティングを題材に、PAC思考を使って論理の一貫性を確認していきます。

マーケティングは、消費者の行動、競合の分析、市場の動向等、様々な要素が絡《から》み合う複雑な分野です。PAC思考を使うことで、こうした複雑な要素を分解して整理することができます。

この節では、「前提」、「仮定」、「結論」が論理的に適切であるかを確かめ、それを修正するやり方の例を解説します。エナジードリンク（エナドリ）のマーケティングを題材とし、**「エナドリのターゲット」**、**「ターゲットがエナドリを利用する場面」**、**「エナドリを販売する場所」**の3ケースを取り上げて説明します。

エナジードリンクの売上を増やす

	前提 (Premise)	+	仮定 (Assumption)	=	結論 (Conclusion)
4-1-1	• 新しいエナドリは、ゲーマーに非常に人気がある。	+	• ゲーマーにターゲットを絞れば、売上が大幅に増加する。	=	• ゲームインフルエンサーからゲーマーへの集中広告キャンペーンを実施する。
4-1-2	• エナドリは仕事の合間にリフレッシュしたいオフィスワーカーに需要がある。	+	• オフィスワーカーが昼休みや会議前にエナドリを購入し、売上が増加する。	=	• オフィスのコンビニや自販機で販売を強化し、ランチタイムに特別なプロモーションを実施する。
4-1-3	• 健康志向のドリンクは若者にも人気がある。	+	• 健康を意識する若者にトクホのエナドリを提供することで売上が増加する。	=	• エナドリの成分をアピールし、健康志向の若者向けにスポーツジムや健康食品店で販売する。

4-1-1 ≫エナドリのターゲットは？

最初に取り上げるのは、前提に問題があるケースです。新しいエナジードリンク（エナドリ）を市場投入する戦略の見直しを題材に、間違った前提が仮定や結論を誤った方向にどう導くのか、それをどう修正すべきかを具体的に解説します。

前提：新しいエナドリは、ゲーマーに非常に人気がある。
仮定：ゲーマーにターゲットを絞れば、売上が大幅に増加する。
結論：ゲームインフルエンサーからゲーマーへの集中広告キャンペーンを実施する。

このロジックに従ってマーケティングを実施した場合、うまくいくでしょうか？効果はあるかもしれませんが、十分とはいえないでしょう。このエナドリがゲーム好きの若者に人気があるかを十分に調査しておらず、**ターゲットの設定が誤っている可能性**があります。オフィスワーカー等にも人気があるかもしれません。

■ロジック検証：前提

エナドリのマーケティング戦略を策定するにあたり、ターゲットを2つの軸で整理しました。1つ目の軸は「エネルギーニーズ」による利用シーン、2つ目の軸は「ライフスタイル」です。

ライフスタイルを軸に選んだ理由は、エナドリの消費シーンやニーズが、消費者のライフスタイルに大きく影響されるからです。それぞれのライフスタイルにある特有のエネルギー消費のパターンを識別するよう、網羅《もうら》的に整理することにしました。

各ライフスタイルに該当する層に対

●エネルギーニーズの軸

▶ ①**集中力**維持
（デスクワーク、勉強、クリエイティブな作業）

▶ ②**即効性**のあるエネルギー補給
（移動や運動後の急な疲労回復）

▶ ③長時間の**持続力**
（夜勤、長時間の仕事やゲームプレイ）

▶ ④**息抜き**目的
（気分転換、軽い疲労回復）

×

●ライフスタイルの軸

▶ 学生（高校生、大学生）

▶ オフィスワーカー
（デスクワーク中心）

▶ フィールドワーカー
（外勤や営業職）

▶ 夜勤労働者
（深夜勤務の職業）

▶ フリーランサー
（自由業、リモートワーカー）

▶ 主婦／主夫
（家庭中心の生活）

▶ ゲーマー
（主に夜間活動する層）

してアンケートを実施した結果、ゲーマー、オフィスワーカー、夜勤労働者がエナドリの主要ターゲットとして有力であると結論付けました。これらのグループは、エナドリの提供価値に対する明確なニーズを持ち、かつ、ターゲットとして一貫したマーケティング戦略を展開しやすい特徴があります。

売上拡大の余地

学生は購買力が低く、消費頻度も特定の時期に限られる。健康志向の強まりや競合の多さから、エナドリ市場でのターゲットとしては他層に比べて弱い。

オフィスワーカーは、自動販売機やコンビニエンスストア等、エナドリが購入しやすい場所で働いており、多くの人が手軽に購入できる。

フィールドワーカーは、エナドリの購入機会が限られ、コンビニや自販機の利用が難しい場面が多いため、ターゲットとして弱い。

夜勤労働者は特定の時間帯に活動しているため、ターゲットを絞ったマーケティングが行いやすい。特に深夜帯にエナドリを提供することで、効率的に需要を喚起できる。

フリーランサーのエネルギーニーズは個々に異なるため、エナドリが特定のシーンで一貫して利用されるかどうかが不確定である。

主婦/主夫は健康志向が強い傾向があり、エナドリよりも健康飲料やナチュラルドリンクを選ぶケースが多い。

ゲーム業界は非常に大きな市場であり、特に若年層に広がっているため、マーケティングの影響力が大きい。ゲーマー向けのプロモーションは広範囲に影響を与える可能性がある。

ライフスタイル	①集中力	②即効性	③持続力	④息抜き	エナドリのニーズ
学生	✓	-	-	-	勉強や試験準備中にエナドリを飲むことで、集中力を保つための需要が高い。
オフィスワーカー	-	-	-	✓	午後の仕事中にリフレッシュを求め、エナドリを消費する需要が高い。
フィールドワーカー	-	✓	-	-	移動中や外勤での疲労回復を目的に、エナドリを利用する需要が高い。
夜勤労働者	-	-	✓	-	夜勤中のエネルギー補給や長時間の持続力を保つためにエナドリを飲む需要が高い。
フリーランサー	✓	-	-	-	自宅での作業中に集中力を維持するため、エナドリを活用する需要が高い。
主婦／主夫	-	-	-	✓	家事や育児の合間にエナドリを飲んでリフレッシュする需要が高い。
ゲーマー	-	-	✓	-	夜間にゲームをプレイする際に、長時間の持続力を保つためにエナドリを飲む需要が高い。

当初の前提では、「エナドリは、ゲーマーに非常に人気がある」とされていましたが、ゲーマー以外にも「オフィスワーカー」と「夜勤労働者」も重要なターゲットであることが明らかになりました。これにより、ＰＡＣ思考の前提を次のように修正する必要があります。

前提：新しいエナドリは、ゲーマーに非常に人気がある。

→：オフィスワーカーの息抜き、夜勤労働者のエネルギー補給にも人気がある。

前提を変えることで、仮定と結論も変わります。

当初はゲーマーをターゲットとして捉えていましたが、オフィスワーカーと夜勤労働者も対象に加えることになりました。「**仮定**：オフィスワーカーと夜勤労働者もターゲットに加えて、売上をさらに増加させる」を追加するとともに、前提と仮定の変化を踏まえると、「**結論**：エナドリの成分やパッケージをターゲットごとにアピールする」を追加することが望ましいでしょう。

【まとめ】

新しいエナドリのマーケティング戦略では、ゲーマー、オフィスワーカー、夜勤労働者を主要ターゲットとして選定しました。これらの層は、エナドリの利用ニーズが高く、特に集中力の維持や長時間の持続力が求められるため、製品との親和性が高いことがわかりました。

ターゲットを明確にしたことで、効率的なマーケティングが可能となり、各層に特化したプロモーションが奏功《そうこう》して売上が急増。製品の訴《そ》求《きゅう》力を最大化し、ターゲットへのリーチに成功しました。

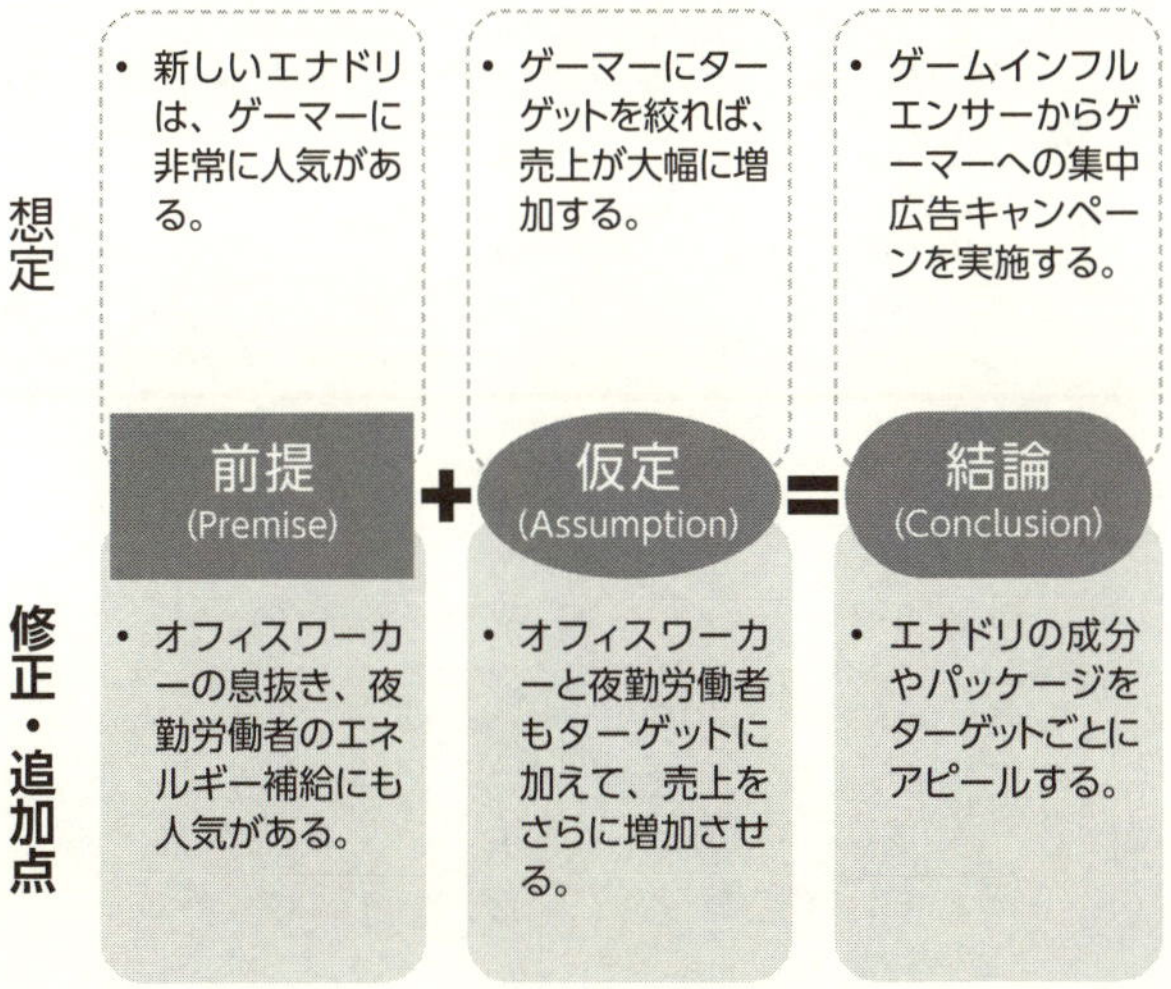
想定
・新しいエナドリは、ゲーマーに非常に人気がある。
・ゲーマーにターゲットを絞れば、売上が大幅に増加する。
・ゲームインフルエンサーからゲーマーへの集中広告キャンペーンを実施する。
前提 (Premise)
+
仮定 (Assumption)
=
結論 (Conclusion)
修正・追加点
・オフィスワーカーの息抜き、夜勤労働者のエネルギー補給にも人気がある。
・オフィスワーカーと夜勤労働者もターゲットに加えて、売上をさらに増加させる。
・エナドリの成分やパッケージをターゲットごとにアピールする。

4-1-2 ≫利用場面を正しく想定しているか？

次に取り上げるのは、仮定に問題があるケースです。エナジードリンク（エナドリ）がオフィスワーカーに需要があることを前提に、エナドリを購入する場面の仮定、その結果として期待する結論を確認します。

前提：エナドリは仕事の合間にリフレッシュしたいオフィスワーカーに需要がある。
仮定：オフィスワーカーが昼休みや会議前にエナドリを購入し、売上が増加する。
結論：オフィスのコンビニや自販機で販売を強化し、ランチタイムに特別なプロモーションを実施する。

このロジックに従ってマーケティングを実施してうまくいくかどうか、それは仮定の内容が妥当であるかに左右されます。**仮定とは「きっとこうなるはずだ」という推測ですから、推測の確からしさを検証しなければなりません。**

■ロジック検証：仮定

オフィスワーカーがどのタイミングでエナドリを利用するのか、定量的分析と定性的分析を組み合わせて確実性の高い仮説を検証することにします。

定量的分析としては、購買データ分析を行い、オフィスワーカーがどの時間帯にどの飲料を購入しているか、どの製品が人気かといったデータを取得します。

定性的分析としては、インタビュー調査を行います。購買データだけではわからない、消費者の心理的な側面を把握します。

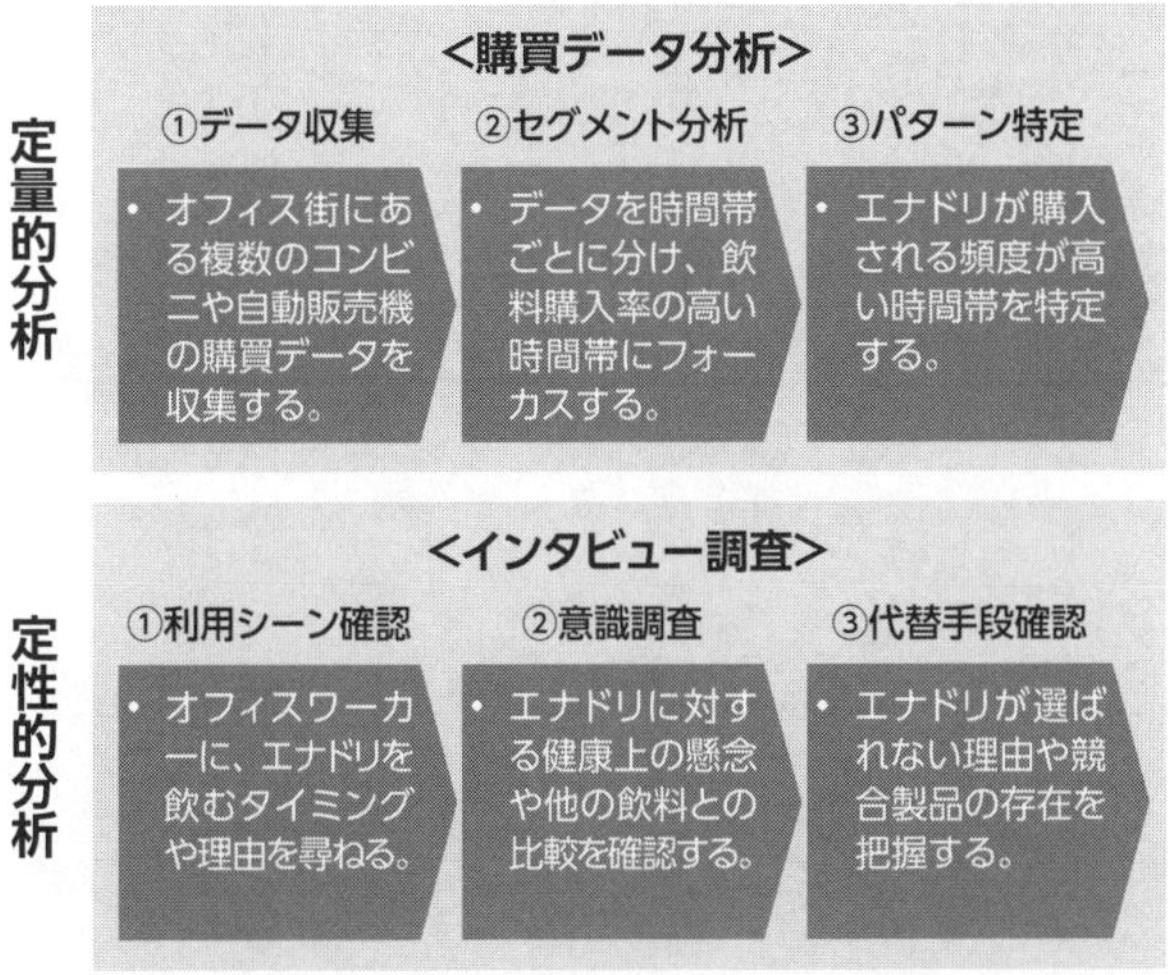

定量的分析
<購買データ分析>
①データ収集
・オフィス街にある複数のコンビニや自動販売機の購買データを収集する。
②セグメント分析
・データを時間帯ごとに分け、飲料購入率の高い時間帯にフォーカスする。
③パターン特定
・エナドリが購入される頻度が高い時間帯を特定する。
定性的分析
<インタビュー調査>
①利用シーン確認
・オフィスワーカーに、エナドリを飲むタイミングや理由を尋ねる。
②意識調査
・エナドリに対する健康上の懸念や他の飲料との比較を確認する。
③代替手段確認
・エナドリが選ばれない理由や競合製品の存在を把握する。

2つの分析結果から、次のことがわかりました。

購買データ：
オフィスワーカーが昼休みや会議前にエナドリを選択する割合は低く、代わりに健康志向の飲料が多く選ばれている。

インタビュー調査：
エナドリにはビタミンが豊富に含まれているが、多くのオフィスワーカーがエナドリを「健康によくない」と認識していて、日常的には避ける傾向がある。緊急時のエネルギー補給として利用するイメージが強く、通常のリフレッシュ目的では選ばれにくい。

検証結果を踏まえ、2つの追加仮定による訴求力強化を考えてみます。1つ目は「特定シーンにフォーカス」、2つ目は「健康志向のアピール」です。
特定のシーンにフォーカスするとは、オフィスワーカーが集中力を高めたい場面でエナドリを飲むことで、仕事のパフォーマンス向上に役立つことを訴えることです。

健康志向をアピールするとは、エナドリを健康志向ドリンクとして位置付けることで、これまで敬遠していたオフィスワーカーの一部を取り込むことです。

両者を比較した時、「健康志向のアピール」を強化することで、より幅広い消費者層にアプローチでき、売上の向上が期待できるでしょう。

特定のシーンにフォーカスする戦略も有効ですが、ターゲットを広げ、日常的な利用を促進する健康志向の戦略のほうが、エナドリ市場での長期的な成長により寄与《きよ》すると思われます。

■ 追加仮定①：特定シーンにフォーカス

- オフィスワーカーは、集中力を高めたい時やエネルギーが急に必要な時にエナドリを選ぶ。

メリット

▶ 緊急時や特定のタスク時にターゲットを絞ることで、エナドリが持つ即効性や集中力を高める効果を強調できる。

デメリット

▶ 消費シーンが限定されるため、販売機会が限られ、日常的な消費が促進されにくい。

■ 追加仮定②：健康志向のアピール

- 健康志向ドリンクとしてエナドリを再定義することで、オフィスワーカーが選びやすくなる。

メリット

▶ 健康志向の高まりにより、エナドリのイメージが改善され、日常的に利用する消費者が増える可能性がある。

デメリット

▶ 健康志向の商品として他の飲料と競合するリスクがある。

以上の検証結果から、次のように仮定を追加で設定します。

仮定：オフィスワーカーが昼休みや会議前にエナドリを購入し、売上が増加する。

∴健康志向アピールでエナドリの売上がより向上する可能性が高い。

仮定を変えることで、結論も変わります。

当初は「オフィスのコンビニや自販機で販売を強化し、ランチタイムに特別なプロモーションを実施する」という戦略を考えていました。しかし、エナドリがビタミンを豊富に含んだ健康志向ドリンクであることを消費者に知ってもらうことが重要であると気付きました。特に、消費者の間にはエナドリに対する健康面での誤解が少なからず存在しており、その誤解を解くことが売上向上につながると考えられます。

試飲イベントや宣伝活動は前述の特別なプロモーションに含まれるとして、さらに行うべきなのは、消費者に健康的な機能があることを理解してもらうための教育・啓蒙活動です。「**結論**：健康面での誤解を解く教育・啓蒙活動を行う」を追加することが望ましいでしょう。

【まとめ】

健康志向のアピールが売上向上に効果的であるとの仮定に基づき、マーケティングメッセージの再定義、販売チャネルの拡大、プロモーション戦略の調整、そして消費者教育に取り組むことにしました。

その結果、健康志向のオフィスワーカーもエナドリを日常の選択肢に加えるようになりました。これにより、プロモーションの効果が大幅に向上し、より広範な消費者層に受け入れられる製品へと進化しました。

	前提 (Premise)	＋ 仮定 (Assumption)	＝ 結論 (Conclusion)
想定	・エナドリは仕事の合間にリフレッシュしたいオフィスワーカーに需要がある。	・オフィスワーカーが昼休みや会議前にエナドリを購入し、売上が増加する。	・オフィスのコンビニや自販機で販売を強化し、ランチタイムに特別なプロモーションを実施する。
修正・追加点		・健康志向アピールでエナドリの売上がより向上する可能性が高い。	・健康面での誤解を解く教育・啓蒙活動を行う。

4-1-3 ≫販売する場所は適切か？

最後に取り上げるのは、結論に問題があるケースです。エナジードリンク（エナドリ）が健康志向の若者にも人気があることを前提に、特定保健用食品（トクホ）の認定を受けたエナドリを提供するという仮定、その結果として期待する結論を確認します。

前提：健康志向のドリンクは若者にも人気がある。
仮定：健康を意識する若者にトクホのエナドリを提供することで売上が増加する。
結論：エナドリの成分をアピールし、健康志向の若者向けにスポーツジムや健康食品店で販売する。

このロジックに従ってマーケティングを実施してうまくいくでしょうか？
確かにスポーツジムや健康食品店である程度の売上は増えましたが、もっと売上を増やす機会はあったのではないかと疑問が残ります。

■ロジック検証：前提〜結論

前提について、これだけでは不十分です。トクホの認定を受けたエナドリの市場におけるポジションや、若者の購入動機についての具体的な理解が欠けています。

仮定については、若者がどのシーンでエナドリを消費するのか、その行動パターンや購入のきっかけを考慮する必要があります。

これらの検証について、若者にあたるターゲットを絞り込んで、「定量的⇕定性的」、「不特定多数⇕特定少数」の軸で観点を整理し、それぞれ分析しました。

■ 18〜24歳（大学生・新卒層）

- **特徴：** SNSやオンラインコミュニティの影響が強い。健康意識は高いが、価格に敏感であることが多い。
- **消費行動：** 手軽に購入できる商品を好むが、品質やブランドにこだわる。

■ 25〜29歳（若手社会人層）

- **特徴：** 健康意識が高まりつつあり、ライフスタイルに合った健康習慣を取り入れる。フィットネスや健康食品に投資し始める時期。
- **消費行動：** 仕事の効率向上のための栄養補給やエネルギー補充に関心が高い。時間や利便性を重視する。

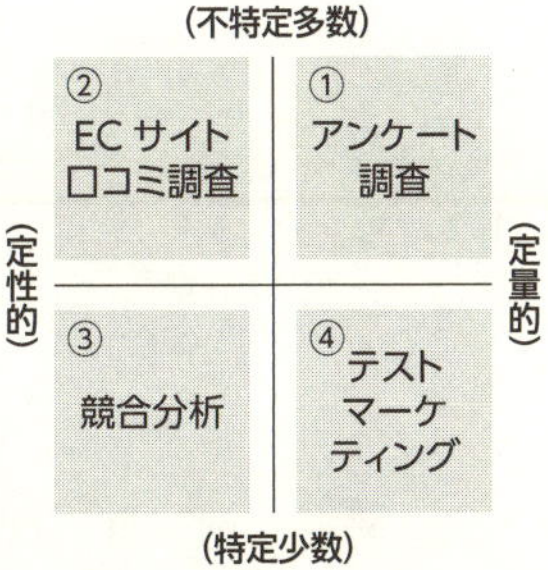

（不特定多数）
（定性的）
（定量的）
（特定少数）
② ECサイト 口コミ調査
① アンケート 調査
③ 競合分析
④ テスト マーケティング

４つの分析結果から、次のことがわかりました。

消費者の健康意識：

健康志向の若者は、エナドリに対して即効性や利便性を評価している一方で、健康に対する懸念《けねん》（カロリー、糖分、成分のナチュラルさ）を強く意識している。

競合の強み：

競合製品は健康志向を前面に押し出すことで成功しており、消費者が求める要素をうまく取り入れている。

テストマーケティングの反響：

健康食品店やスポーツジムでのテスト販売では、製品の成分やカロリーが消費者の期待に応《こた》えられていないため、売上が伸び悩んでいる。

競合製品に対して、自社のエナドリは健康機能で劣っていると消費者は認識しています。当初の結論を実現するには、次の前提と仮定の追加が必要になります。

分析種類	結果	
① アンケート調査	・健康志向の若者（18〜29歳）は、エナドリの**利便性を認めつつ**も、その**成分に強い懸念**を持っていることが判明した。 ・**カロリーや糖分が高い点がマイナス要因**とされ、多くの回答者が「もっと健康的な選択肢があればいい」と回答した。	消費者の健康意識
② ECサイト口コミ調査	・ECサイトの口コミでは、エナドリが「**疲れを感じた時に即効性がある**」と高く評価される一方で、「日常的に飲むのは控えている」「**成分がもっとナチュラルだったら毎日飲むかも**」といった意見が目立った。 ・競合製品に比べて「**健康志向が足りない**」と指摘があった。	消費者の健康意識
③ 競合分析	・競合のエナドリや健康志向ドリンクは、**低カロリーや無糖、オーガニック成分等を前面に押し出して**おり、これが売上向上に大きく寄与していることが確認された。 ・**健康食品店やスポーツジムで競合製品が好調な売上**を記録した。	消費者の健康意識 競合の強み
④ テストマーケティング	・特定のスポーツジムや健康食品店で実施したトクホ認定エナドリのテスト販売では、**予想よりも低い売上**に留まった。 ・購入者の多くは**「カロリーが高い」「成分に健康的な要素がもっとほしい」との理由で購入を控えた**ことがわかった。	テストマーケティングの反響

前提：健康志向のドリンクは若者にも人気がある。

：エナドリの利便性を評価しつつも、その成分に対して強い懸念を持っている。

仮定：健康を意識する若者にトクホのエナドリを提供することで売上が増加する。

：カロリーと糖分が低く、健康サポート成分が含まれるエナドリは購入される可能性が高い。

：健康志向が強く体調管理に関心の高い若者には、スポーツジムや健康食品店での販売が最も効果がある。

アンケート調査やECサイトの口コミ調査から、健康志向の若者がカロリーや成分を非常に気にしていることが明らかになりました。この層に対して、ちゃんと成分が改良されていることを理解してもらえれば、スポーツジムや健康食品店での販売を強化するのは有効でしょう。

前提と仮定に対して結論が浮いているなと感じる場合、前提と仮定の精緻《せいち》化が足りていないことが多くあります。前提と仮定を補強して整合性を確保してみましょう。

【まとめ】

スポーツジムでのトクホエナドリ試飲イベントでは、製品のよさを直接体験してもらうことに成功しました。運動後の疲労を感じるタイミングで試飲を提供し、即効性や健康成分の効果を実感してもらうことで、多くの参加者がその場で購入しました。

さらに、健康食品店では、製品の成分と健康効果を強調するプロモーションを展開し、購買層の意識を高めました。これにより、新規顧客の獲得とリピーターの増加が見られました。

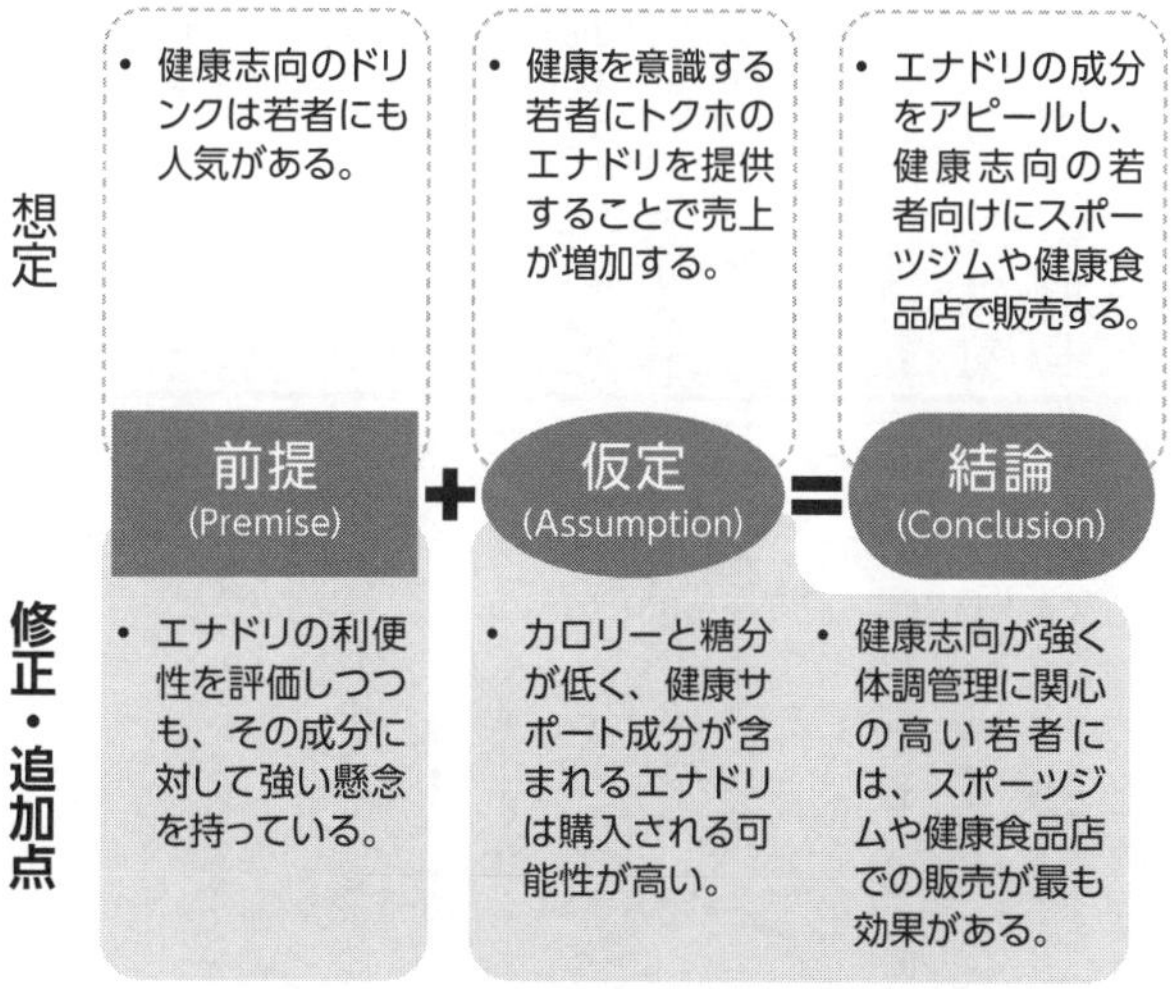
想定
・健康志向のドリンクは若者にも人気がある。
・健康を意識する若者にトクホのエナドリを提供することで売上が増加する。
・エナドリの成分をアピールし、健康志向の若者向けにスポーツジムや健康食品店で販売する。
前提 (Premise)
+
仮定 (Assumption)
=
結論 (Conclusion)
修正・追加点
・エナドリの利便性を評価しつつも、その成分に対して強い懸念を持っている。
・カロリーと糖分が低く、健康サポート成分が含まれるエナドリは購入される可能性が高い。
・健康志向が強く体調管理に関心の高い若者には、スポーツジムや健康食品店での販売が最も効果がある。

4-2 ≫業務改善におけるPAC思考

今度は業務改善を題材にPAC思考を理解していきましょう。

業務改善には、複数の利害関係者の要望や、利用できるリソース、時間の制約、そして潜在《せんざい》的なリスクなど、多くの要素が複雑に絡み合っています。このような状況では、計画を進める上で見落としや誤りが生じやすくなります。そこで、PAC思考を用いることで、業務改善の目標や計画における前提が適切であるか、仮定が現実に即《そく》しているか、そして、それらが論理的に結論に結び付いているかをしっかりと確認することができます。これにより、業務改善の取り組み全体の整合性を保ち、計画を確実に進めることができます。

この節では、「前提」、「仮定」、「結論」が論理的に適切であるかを確かめ、それを修正するやり方の例を解説します。業務改善を題材とし、**「新ツールの導入」**、**「リモートワークへの移行」**、**「課題管理」**の3ケースを取り上げて説明します。

業務を改善する

	前提 (Premise)		仮定 (Assumption)		結論 (Conclusion)
4-2-1	・チームメンバー全員が新しい業務ツールの基本操作に精通している。	+	・新ツールの導入はスムーズに進行し、トレーニングの必要はない。	=	・新ツールによって業務改善が図られ、生産性が大幅に向上する。
4-2-2	・リモートワーク環境に適したツールが全員に提供されている。	+	・チームメンバーはリモートワークでもオフィスと同じ効率で仕事ができる。	=	・リモートワーク移行により、生産性を維持してオフィスコストを削減する。
4-2-3	・課題管理システムが整備され、チームが課題を適切に報告・共有できる体制が整っている。	+	・課題管理システムがあるため、課題は即座に報告・対応される。	=	・既存のシステムで課題を効率的に管理し、遅延やミスを防止できる。

4-2-1 ≫新ツールを使いこなせるか？

最初に取り上げるのは、前提に問題があるケースです。新しい業務ツールの活用を題材に、間違った前提が仮定や結論を誤った方向にどう導くのか、それをどう修正すべきかを具体的に解説します。

前提：チームメンバー全員が新しい業務ツールの基本操作に精通している。
仮定：新ツールの導入はスムーズに進行し、トレーニングの必要はない。
結論：新ツールによって業務改善が図られ、生産性が大幅に向上する。

新ツールは今まで煩雑《はんざつ》だった業務を楽にしてくれるものです。このシナリオに従って業務改善が進められれば、すべてが順調に進むはずでした。しかし、現実はそう甘くはありません。実際には、新ツールを使いこなせないメンバーが多く、逆に業務が混乱してしまって連日の残業が発生してしまったのです。

■ロジック検証：前提

モニタリングを進める中で、明らかに業務改善の進行が予定よりも大幅に遅れていることが判明しました。特に目立ったのは、新ツールの基本的な操作に時間を要しているメンバーが複数いることでした。たとえば、日常的なタスクであるはずのデータ入力作業に、想定以上に時間を消費していることや、新しい機能を活用した効率化がまったく進んでいないことが、モニタリングデータから浮かび上がりました。

この段階で、「チームメンバー全員が新しい業務ツールの基本操作に精通している」という前提が、実際には幻想に過ぎなかったことに気付かざるを得ませんでした。

さらに深く調査を進める必要があると判断し、問題の核心に迫るため、メンバーへのヒアリングを行うことにします。

複数のメンバーからのヒアリングで、次のコメントを確認しました。

「初めて見る画面に戸惑《とまど》った」
「基本的な操作がわからず、業務が進まない」

「以前の業務ツールに慣れていて、新しい操作方法が理解できない」

ヒアリングを通じて、メンバーが日々直面している具体的な課題や不安が浮《う》き彫《ぼ》りになり、前提としていた「(全員が) 新ツールの基本操作に精通している」という考えが大きく間違っていることが判明しました。

加えて、ソフトウェアの導入初期におけるトレーニング不足が、メンバーの不安感や操作ミスを引き起こしていることも発見しました。新ツールの習熟度の低さに起因することは明らかです。

これらのことから、PAC思考の前提は次のように修正すべきです。

前提:チームメンバーの一部は新しい業務ツールの基本操作に精通している。

∴メンバーの多くは新ツールに不慣れでサポートが必要になる。

前提に合わせて仮定と結論も変わります。

仮定には、メンバーの困っている点をどうすれば補《おぎな》えるかという視点が必要です。２つの案を検討しました。

案①はスキルアセスメントで強化すべき部分を明確にし、トレーニングで提供するアプローチです。実際のスキルレベルに応じたフォローが可能になりますが、時間とコストがかかります。

案②で示したオンデマンドサポートは、困ったことが起きた都度、対症療法的にサポートするアプローチです。

困っている期間は少しでも短縮しなければならないため、今回は案②を追加仮定として組み込むことにします。

メンバーの不足点を補う視点	メリット	デメリット	
【案①】スキルアセスメント	• メンバーの実際のスキルレベルを把握でき、個別対応が可能になる。	• アセスメントとトレーニングの実施は、追加のトレーニング時間と人員コストがかかる。	
【案②】オンデマンドサポート	• 発生した問題を即時に解決でき、進捗が停滞しにくくなる。	• サポート体制を維持するため、追加の人員コストが必要になる。	採用

仮定：新ツールの導入はスムーズに進行しないことも想定が必要になる。
∴困ったことが起きた都度、対症療法的にサポートすれば業務はこなせる。

結論は、オンデマンドサポートを加味《かみ》した内容になります。導入初期は問題が発生するたびに迅速《じんそく》に対応できるサポート体制を整備することで、必要に応じて個別にサポートを提供し、業務が滞《とどこお》ることを防ぎながら、徐々にメンバーが新ツールに慣れていく環境を作り出すのがよいでしょう。

結論：新ツールによって業務改善が図られ、習熟度に応じて生産性が向上する。
∴導入初期は問題発生のたびに迅速に対応できるサポート体制を整備する。

これで、前提、仮定、結論の整合性が保たれます。この結論に従って、オンデマンドのサポート体制を直《ただ》ちに確立し、現場で苦労しているメンバーたちの業務負荷《ふか》を速《すみ》やかに軽減させていきましょう。

【まとめ】

新ツール導入後、対症療法的なサポート体制を整備した結果、チームメンバーを取り巻く状況は大幅に改善されました。導入初期には操作方法に戸惑うメンバーが多く、業務が停滞する場面もありましたが、サポート体制により問題が発生するたびに迅速な対応が可能となり、業務が滞ることが最小限に抑えられました。

その結果、チーム全体の生産性が向上し、メンバー間での協力もスムーズになり、業務改善の目標達成に大きく貢献しました。

	前提 (Premise)	+	仮定 (Assumption)	=	結論 (Conclusion)
想定	• チームメンバー**全員**が新しい業務ツールの基本操作に精通している。		• 新ツールの導入は**スムーズに進行し、トレーニングの必要はない。**		• 新ツールによって業務改善が図られ、生産性が**大幅に向上する。**
修正・追加点	• 一部メンバーのみ精通している。 • メンバーの多くは新ツールに不慣れでサポートが必要になる。		• スムーズには進行しない。 • 困ったことが起きた都度、対症療法的にサポートすれば業務はこなせる。		• 生産性向上は習熟度に応じる。 • 導入初期は問題発生のたびに迅速に対応できるサポート体制を整備する。

4-2-2 ≫リモートワークは有効か？

次に取り上げるのは、仮定に問題があるケースです。リモートワーク環境を全員が利用できることを前提に、リモートワークを適用する場面の仮定、その結果として期待する結論を確認します。

前提：リモートワーク環境に適したツールが全員に提供されている。
仮定：チームメンバーはリモートワークでもオフィスと同じ効率で仕事ができる。
結論：リモートワーク移行により、生産性を維持してオフィスコストを削減する。

このシナリオは一見《いっけん》すると理想的に見えます。ツールが全員に行き渡り、メンバーはリモートでもオフィス同様に効率的に働けるはず。結果として、コスト削減と生産性維持の両立が可能となる、という流れです。しかし、現実は甘くありませんでした。チームの進捗《しんちょく》に遅延が目立ち、仕事からスピード感が失われてきたのです。

■ロジック検証：仮定

リモートワークには、コミュニケーション、作業環境、ツールの3つが重要です。効果的なコミュニケーションはチームの連携《れんけい》を支え、作業環境は集中力を維持し、生産性に影響を与えます。また、適切なツールの提供とその習熟度が業務の効率に直結するため、これらの要素を考慮することがリモートワーク成功の鍵となります。

リモートワークが普及する中、オフィスでの自然な対話が業務をスムーズにする重要な要素であったことが再認識されました。しかし、リモート環境ではこの対話が減少し、コミュニケーション不足によるチーム連携の弱まり、生産性の低下が発生します。

リモートワークの効果はメンバーの家庭環境に大きく依存します。多くの企業が「リモートでもオフィスと同じ効率で仕事ができる」と仮定していますが、これは家庭環境がオフィスと同等であるという誤った前提に基づいています。たとえば、家庭内の騒音や分断された作業時間により、リモートでは効率が低下します。

リモートワーク導入時に適切なツールを提供しても、メンバーがそれを使いこなせるかどうかが生産性を左右します。新しいツールに不慣れなメンバーやネットワークの不安定さが原因で、情報共有が遅れ、プロジェクトの進行が遅延するなど、ツール提供だけでは効率的な業務遂行につながりません。

これらの問題点を解決するには、仮定に「コミュニケーションの強化」、「柔軟な働き方のサポート」、「技術サポートの充実」を加える必要があります。

仮定：チームメンバーはリモートワークではオフィスと同じ効率で仕事ができない。

：コミュニケーションの強化、柔軟な働き方のサポート、技術サポートの充実によって効率性を維持向上できる。

仮定を変えることで、結論も変わります。

まず、コミュニケーションの強化をしましょう。オンラインでの定期的なチームミーティングを導入し、オフィスと同様のコミュニケーションの場を意図的に設けることで、メンバー間の情報共有が促進《そくしん》されます。また、チャットツールの活用を推進することで、リアルタイムでの情報交換を強化して、チームの連携深化が期待できます。

当初の「仮定」

- チームメンバーはリモートワークでもオフィスと同じ効率で仕事ができる。

▼

	「仮定」の問題点	「仮定」に加えるべき点
コミュニケーション	• リモートワークではオフィスでの自然な対話が減り、コミュニケーション不足や情報伝達の遅れが生じ、チームの連携が弱まって生産性が低下する問題が発生している。	コミュニケーションの強化
作業環境	• リモートワークの効果は家庭環境に依存し、オフィスと同等の効率で働けるという前提が誤りであることが明らかになった。	柔軟な働き方のサポート
ツール	• リモートワーク導入時にツール提供だけでは不十分で、メンバーが使いこなせるかどうかが生産性を大きく左右する。	技術サポートの充実

柔軟な働き方のサポートとしては、メンバーの家庭環境に応じた柔軟な働き方を認めるには、集中できる時間帯を選べるようにすべきです。ノイズキャンセリングヘッドホンや集中力を高めるツールを支給し、リモートワークの環境整備もやりましょう。

技術サポートの充実については、ツールの提供だけでなく、使い方に関するトレーニングを実施し、メンバーがスムーズにツールを使いこなせるようにします。技術サポートチームを設け、問題が発生した際には迅速に対応できる体制も整えます。

これらは結論で次のように端的に表すことができます。

結論：リモートワーク移行により、生産性を維持してオフィスコストを削減する。

：定期的なチームミーティングや専用コミュニケーションツールを導入する。

：メンバーの家庭環境に応じた柔軟な働き方をサポートする。

定期ミーティングや専用ツールで情報共有を強化し、柔軟な働き方を支援することによって、リモートワークへ移行しても生産性向上が期待できます。

【まとめ】

当初、リモートワークへの移行にはいくつもの問題が生じていました。しかし、定期的なミーティングで進捗を把握し、専用のコミュニケーションツールを活用することで、情報共有が円滑になりました。また、メンバーの家庭環境に応じた柔軟な働き方を支援し、それぞれが自分のペースで業務を進めることで、生産性が向上しました。

こうして、リモートワークの移行後もオフィスと同等の効率を保ちながら、業務をスムーズに進めることができるようになったのです。

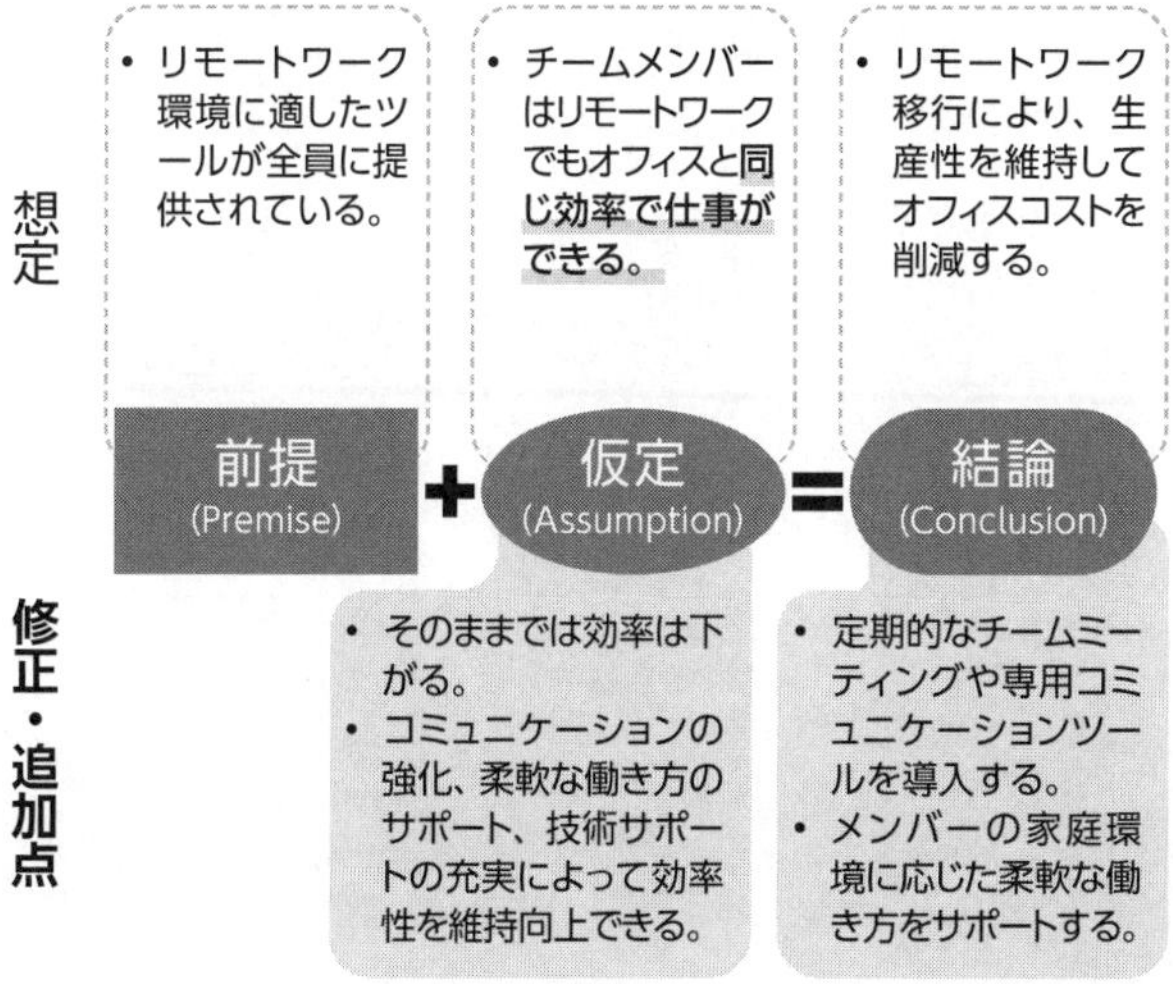
想定
・リモートワーク環境に適したツールが全員に提供されている。
・チームメンバーはリモートワークでもオフィスと同じ効率で仕事ができる。
・リモートワーク移行により、生産性を維持してオフィスコストを削減する。
前提
(Premise)
+
仮定
(Assumption)
=
結論
(Conclusion)
修正・追加点
・そのままでは効率は下がる。
・コミュニケーションの強化、柔軟な働き方のサポート、技術サポートの充実によって効率性を維持向上できる。
・定期的なチームミーティングや専用コミュニケーションツールを導入する。
・メンバーの家庭環境に応じた柔軟な働き方をサポートする。

4-2-3 ≫課題管理でミスは起きないか？

最後に取り上げるのは、結論に問題があるケースです。業務の課題管理を行うシステムと報告共有体制があることを前提に、課題は即座に報告・対応されるという仮定、その結果として期待する結論を確認します。

前提：課題管理システムが整備され、チームが課題を適切に報告・共有できる体制が整っている。
仮定：課題管理システムがあるため、課題は即座に報告・対応される。
結論：既存のシステムで課題を効率的に管理し、遅延やミスを防止できる。

このロジックに従って課題を管理してうまくいくでしょうか？　実際には、課題管理システムが整備されているにもかかわらず、メンバーが課題を報告することを怠《おこた》るケースが多発しました。なぜ結論通りにならなかったのでしょう。

■ロジック検証：前提～結論

これはシステムの使い勝手の問題のように思えます。課題管理システムが複雑で使いにくいと感じるメンバーが多く、結果としてシステムを積極的に活用しないメンバーがいました。

システムが整備されているという前提が、すべてのメンバーがそのシステムを問題なく使いこなせるという誤解に基づいていたため、結果として課題の報告や対応が遅れ、プロジェクトの進行に支障をきたしました。

課題が適切に報告されなかったため、チーム全体で迅速に対応することができず、プロジェクトの進行が遅延しました。これにより、業務改善の効果が薄れ、メンバーの士気にも悪影響を及ぼしました。

課題管理システムが十分に機能しているという前提が誤りであり、これが結論の誤りにつながったと考えられます。

網羅的に課題を洗い出すため、改善対象を課題管理システムとするか、メンバーの意識や作業プロセスとするか（システム⇕運用）で大別します。加えて、効果創出の速さ（短期⇕長期）の観点も合わせて、2軸4象限で整理しました。

A システム ×短期：システム画面の改善
B システム ×長期：システム全体の再評価
C 運用 ×長期：定期的なフィードバック
D 運用 ×短期：メンバーのトレーニング

チーム内で議論した結果、短期効果のあるものから着手し、かつ、システムに手を入れる根本改善に早めに取り組むべきだと皆が認識しました。A↓D↓B↓Cの順番で取り組むのが最適なアプローチになりそうです。

ここまでの整理を前提と仮定に追加して、ロジックの整合性を確認します。

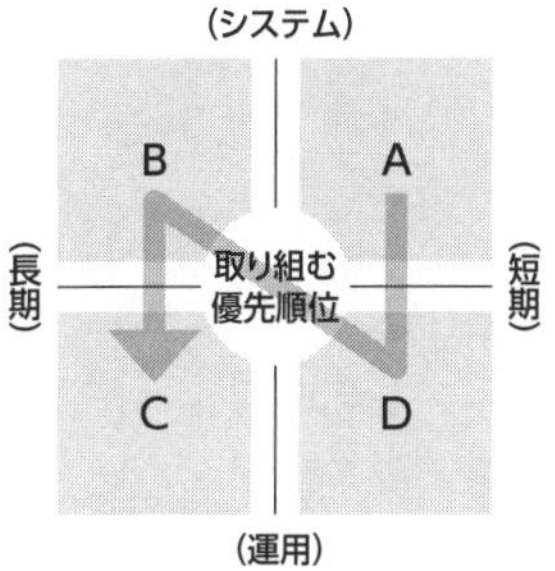

改善対象の範囲

- **システム:** 課題管理システム自体の改善や再評価を行う。
- **運用:** メンバーの意識や使い方、運用プロセスの改善を行う。

実行の影響度

- **短期:** 迅速に実施でき、すぐに効果が期待できる対策。
- **長期:** 実施に時間がかかるが、持続的効果が期待できる対策。

	課題点	解決アプローチ	優先度
A	・課題管理システムのユーザーインターフェース（画面）を改善し、使い勝手を向上させる必要がある。	・システムの使い勝手が向上すれば、メンバーが報告を怠る可能性が減り、即時的な効果が期待できる。	1
B	・課題管理システムを全体的に再評価し、必要ならば新システム導入を検討する。	・現行システムに根本的な欠陥がある場合、長期的な視点で見直しが必要。持続的な改善効果が見込める。	3
C	・定期的なフィードバックセッションを導入し、運用状況を継続的に改善する。	・継続的なフィードバックにより、持続的な改善が期待できる。	4
D	・メンバーへのトレーニングを強化し、課題管理システムの有効な使い方を徹底する。	・メンバーのスキル向上により、即効性のある改善が見込める。	2

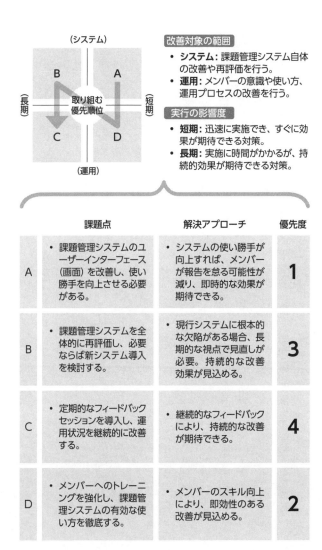

前提：課題管理システムが整備されているが、改善の余地があり、メンバーが問題を適切に報告・共有できる体制を強化する必要がある。

仮定：課題管理システムがあるため、システムの使い勝手を向上させてメンバーに適切なトレーニングを行えば、課題管理がスムーズに行われる。

結論：既存のシステムで課題を効率的に管理し、遅延やミスを防止するため、システムのUI改善、メンバーのトレーニング強化、システム全体の再評価、定期的なフィードバックセッションを導入する。

当初の結論は、課題管理システムが十分に整備されているという前提と仮定に基づいていましたが、実際にはシステムに改善の余地があり、メンバーがシステムをうまく活用できていないという問題が発覚しました。システムの改善が必要であることを前提に加えたことで、適切なトレーニングやサポートによるシステム活用が期待できるという現実的な仮定を設定しました。

前提と仮定の修正によって、結論も、単なるシステムの利用に留まらず、改善策を講じることが必要であるという具体的で実行可能な方向に変わりました。

【まとめ】

修正された課題管理システムとメンバーのトレーニングが実施された結果、現場での課題報告や共有が迅速かつ正確に行われるようになりました。

定期的なフィードバックセッションにより、メンバー同士の連携も強化され、問題の早期発見と対応が可能になったことで、業務改善の成果が着実に現れるようになったのです。

こうして現場は円滑に回り始め、作業の遅延・ミスは大幅に減り、生産性とチームの士気が大幅に向上しました。

	前提 (Premise)	仮定 (Assumption)	結論 (Conclusion)
想定	・課題管理システムが整備され、チームが課題を適切に報告・共有できる体制が整っている。	・課題管理システムがあるため、課題は即座に報告・対応される。	・既存のシステムで課題を効率的に管理し、遅延やミスを防止できる。
修正・追加点	・体制が未整備。 ・改善の余地があり、メンバーが問題を適切に報告・共有できる体制を強化する必要がある。	・対応されない。 ・システムの使い勝手を向上させてメンバーに適切なトレーニングを行えば、課題管理がスムーズに行われる。	・システムのUI改善、メンバーのトレーニング強化、システム全体の再評価、定期的なフィードバックセッションを導入する。

4-3 ≫リスク管理におけるPAC思考

最後に、リスク管理を題材にPAC思考を理解していきましょう。

リスク管理では、リスクがどこに存在するか、どの程度の影響を持つかといった前提を正確に設定することが重要です。仮定が現実的であるかどうかを検証することで、予期せぬリスクを回避することができますし、結論が正しく導き出されていなければ、リスク対策が無意味になり、実際のリスクが管理できない可能性があります。

この節では、「前提」、「仮定」、「結論」が論理的に適切であるかを確かめ、それを修正するやり方の例を解説します。リスク管理を題材とし、**「水害対策」**、**「新業務への切り替え」**、**「AI導入」**の3ケースを取り上げて説明します。

リスクを最小限にする

	前提 (Premise)	+	仮定 (Assumption)	=	結論 (Conclusion)
4-3-1	• この地域は過去10年、大規模な自然災害が発生しておらず、リスクは低い。	+	• この工場は水害対策設備が機能しており、被害を最小限に抑えられる。	=	• 水害対策予算を削減し、他の事業課題に予算を振り向ける。
4-3-2	• 新システムには業務の迅速化とセキュリティ強化を実現する仕組みがある。 • 最短で決算処理の前週から利用できる。	+	• 新システムは既存システムとの互換性が高く、スタッフが迅速に新システムに慣れ、通常通りの業務を行える。	=	• 新システム導入予算を抑制するため、切り替えは決算処理の前週とする。
4-3-3	• AIはカスタマーサポートの自動応答システムやデータ入力の自動化によって業務効率を飛躍的に向上させる。	+	• 従業員は新しいAIシステムを積極的に受け入れ、それに基づく新しい業務プロセスに迅速に適応する。	=	• AI導入で業務生産性が向上、より付加価値の高い業務に従業員はシフトする。

4-3-1 ≫水害対策に抜かりなし?

最初に取り上げるのは、前提に問題があるケースです。ある工場の水害に備えたリスク管理を題材に、間違った前提が仮定や結論を誤った方向にどう導くのか、それをどう修正すべきかを具体的に解説します。

前提：この地域は過去10年、大規模な自然災害が発生しておらず、リスクは低い。
仮定：この工場は水害対策設備が機能しており、被害を最小限に抑えられる。
結論：水害対策予算を削減し、他の事業課題に予算を振り向ける。

数年後、気候変動の影響で予想外の豪雨や台風が頻発《ひんぱつ》し、この工場は洪水による水害被害を受けました。排水設備が機能しなくなって設備は浸水、避難計画や訓練も十分ではなく、工場内にいた従業員は孤立し、自治体による救助活動を必要とする事態に陥《おちい》りました。

■ロジック検証：前提

この工場は予算削減より多くの復旧費用が必要になり、他の活動予算を削《けず》るしかありません。再発防止のため、こうした事態になってしまった理由を検証することにします。

環境・地域要因、インフラ要因、人的要因で包括《ほうかつ》的に整理します。

検証結果は、どれも楽観的な見通しによるリスクの過小評価によるものでした。前提としていたリスク管理計画は現実に即していない部分が多く、十分に機能しなかったのです。

要因	当初の前提	検証結果
環境・地域	• 過去10年間、大規模な洪水が発生しておらず、水害リスクは極めて低い。	• 地域特有のリスクを無視した結果、最新のデータや気候のトレンドに対応できておらず、実際にはリスクが過小評価されていた。
インフラ	• 既存の水害対策設備が機能しており、洪水が発生しても被害を最小限に抑えられる。	• 過去の水害への対応実績に基づいた楽観的な見積もりが行われた結果、実際に洪水が発生した際にインフラが機能しなかった。
人的	• 整備されているインフラを活用できる人材がすでにいる。	• 洪水時に対応する人々が十分に訓練されているか、避難計画や緊急対応が実行可能なものであるか、といった点が十分に評価されていなかった。

環境・地域要因について、リスク評価は過去のデータだけでなく、最新の気候データやトレンドも考慮するべきでした。インフラ要因では、最新の災害シナリオや気象条件に照らし、現実的な機能性を確保することが必要でした。さらに、人的要因として、インフラを適切に運用できる人材の訓練や避難計画の実効性も評価すべきでした。

環境・地域要因：

過去のデータに基づいてリスク評価を行うことは、確かに重要な手法の1つです。しかし、気候変動が進行する現代においては、過去のデータが現在のリスクを正確に反映しているとは限りません。

過去10年のデータに加え、最新の気候データや予測モデルも活用して、現在および将来のリスクを評価すべきです。また、複数の災害シナリオを設定し、最悪の事態に備えたリスク評価も必要でしょう。

インフラ要因：

過去の実績に基づいてインフラの機能性を評価することは、過去のリスクに対しては有効ですが、現在や将来のリスクには必ずしも適していません。特に、気候変動が進む現代では、過去の成功が将来の成功を保証するわけではありません。

既存のインフラが現在の気候条件や災害規模に対応できるか、最新の災害シナリオと比較して評価すべきです。排水能力やメンテナンス状況を定期的に確認し、インフラの老朽《ろうきゅう》化や脆弱《ぜいじゃく》性を早期に発見、シミュレーションテストを実施して、インフラの対応力を検証し、必要な改修や強化を想定するべきです。

人的要因：

インフラがどれほど整備されていても、それを適切に運用する人材のスキルや、緊急時に実行可能な避難計画がなければ、災害時に十分な対応ができません。特に、実効性のある避難計画は、人命と財産を守るために不可欠です。

人材の訓練が十分であるか定期的に評価し、緊急時対応の演習を実施することが望まれます。そのためには、訓練や計画実施後のフィードバックを基に、内容を継続的に改善し、最新のリスクに対応できる体制を構築しなければいけません。

これらの検証結果から、環境・地域要因を前提に取り込み、インフラ要因と人的要因を仮定として考慮することで、適切な結論を導き出せることがわかりました。

前提：この地域は過去10年、大規模な自然災害が発生していないが、気候変動の影響で大規模な自然災害が発生するリスクが高まっている。

仮定：この工場は水害対策設備が機能しているが、老朽化して最新の災害シナリオに対応できない可能性がある。

結論：水害対策予算を削減せず、インフラ更新や従業員の訓練を通じて、リスクへの備えを万全にする。

これで前提、仮定、結論の整合性が保たれます。この結論に従って、水害対策予算を見直し、リスクが顕在《けんざい》化した時の損害が許容範囲に収まるよう、対策に取り組むことにします。

【まとめ】

新たな前提に基づき、この工場は水害対策予算の削減を見直し、インフラの強化や従業員の訓練プログラムを再設計しました。また、最新の災害シナリオに対応するために、新しい技術の導入も検討されました。

結果として、この工場は災害リスクに対する準備を強化し、将来の不測の事態にも対応できる体制を整えることができました。

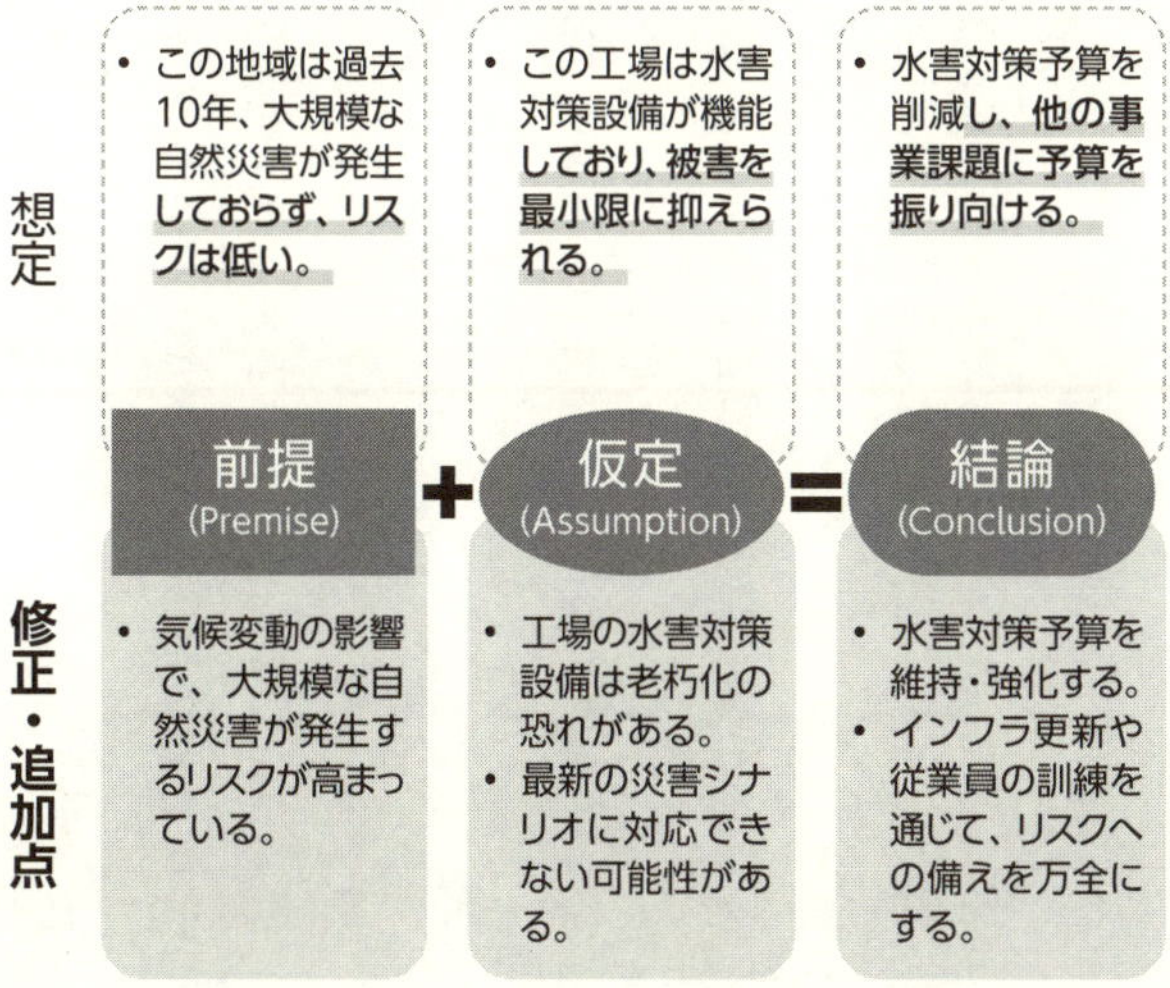

想定
・この地域は過去10年、大規模な自然災害が発生しておらず、リスクは低い。
・この工場は水害対策設備が機能しており、被害を最小限に抑えられる。
・水害対策予算を削減し、他の事業課題に予算を振り向ける。
前提 (Premise)
+
仮定 (Assumption)
=
結論 (Conclusion)
修正・追加点
・気候変動の影響で、大規模な自然災害が発生するリスクが高まっている。
・工場の水害対策設備は老朽化の恐れがある。
・最新の災害シナリオに対応できない可能性がある。
・水害対策予算を維持・強化する。
・インフラ更新や従業員の訓練を通じて、リスクへの備えを万全にする。

4-3-2 ≫新業務へ切り替えられるか？

次に取り上げるのは、仮定に問題があるケースです。新システムの最短導入を前提に、新システムへの慣れに対する仮定、その結果として期待する結論を確認します。

前提：新システムには業務の迅速化とセキュリティ強化を実現する仕組みがある。

：最短で決算処理の前週から利用できる。

仮定：新システムは既存システムとの互換《ごかん》性が高く、スタッフが迅速に新システムに慣れ、通常通りの業務を行える。

結論：新システム導入予算を抑制するため、切り替えは決算処理の前週とする。

このシナリオはうまくいきませんでした。新システムでスタッフによる操作ミスが発生し、さらにトラブル対応が遅れ、決算処理に支障が生じたのです。これによって決算報告が予定日に行えず、株価が下がってしまいました。

■ロジック検証：仮定

前提で示したことは事実でした。

一方、仮定で示した「スタッフが迅速に新システムに慣れ、通常通りの業務を行える」ことは実際と異なったのです。操作ミスが発生し、トラブル対応が遅れたことについて、「なぜなぜ分析」で原因究明しましょう。

なぜ操作ミスが発生したりトラブル対応が遅れたりしたのでしょう。スタッフからヒアリングをしたところ、新システムに十分に慣れていなかったことがわかりました。具体的には、操作方法を理解していなかったり、トラブル発生時の対応手順に不慣れだったりしたため、業務がスムーズに進みませんでした。

その背景には、トレーニングの時間とリソースの不足がありました。コスト抑制を優先した結果、スタッフへの教育やシステムの実践的な訓練に十分な投資がされず、学習が不完全なまま業務に投入されたのです。

どうしてそんな状態で業務を開始したのでしょうか。新システム導入のプロジェクトを管理していたチームにヒアリングした結果、予算が厳しく制約されていたことが判明しました。プロジェクト全体のコストを抑えるために、トレーニングにかける時間や費用が削減され、その結果、スタッフがシステムを習得するための十分な準備が整わなかったのです。

そうしたコスト削減の指示は、業務担当役員の意向によるものでした。新システム導入に伴う費用の増加を懸念し、できる限り支出を抑えようとした結果、トレーニングや教育に十分な投資が行われなかったということが明らかになりました。

なぜなぜ分析は、5回までの掘り下げで原因が明らかになる傾向にあります。今回も5回の掘り下げでコスト抑制という真の

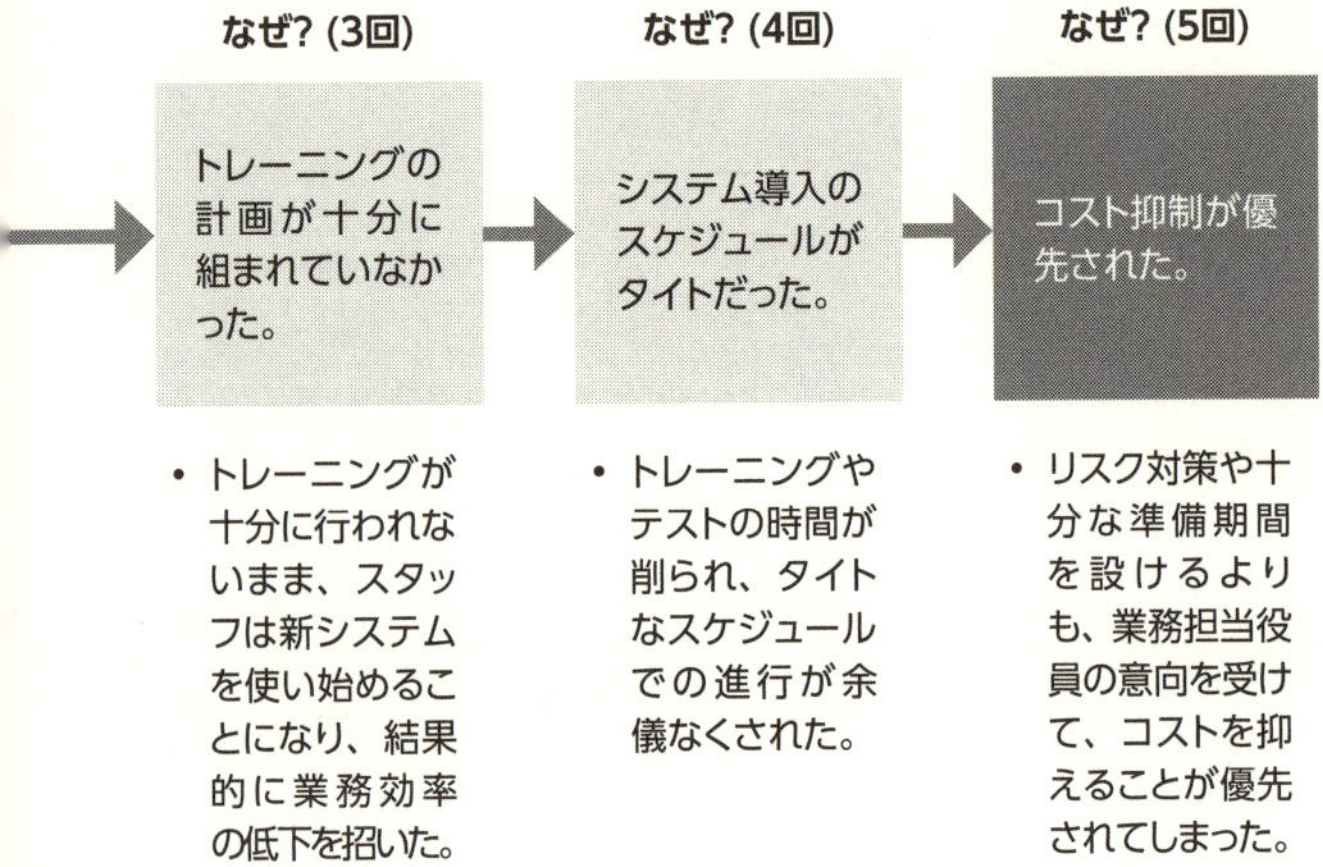
なぜ? (3回)
トレーニングの計画が十分に組まれていなかった。
なぜ? (4回)
システム導入のスケジュールがタイトだった。
なぜ? (5回)
コスト抑制が優先された。
• トレーニングが十分に行われないまま、スタッフは新システムを使い始めることになり、結果的に業務効率の低下を招いた。
• トレーニングやテストの時間が削られ、タイトなスケジュールでの進行が余儀なくされた。
• リスク対策や十分な準備期間を設けるよりも、業務担当役員の意向を受けて、コストを抑えることが優先されてしまった。

原因（真因）にたどり着きました。
この真因に対して、どんなアクションが有効だったといえるでしょう。

まず、スタッフが新システムに習熟するためのトレーニング期間を十分に確保し、必要なリソースを投入するべきでした。これにより、操作ミスやトラブル対応の遅れを防ぎ、業務の安定性を保てます。
決算処理のような重要業務イベントの前にシステム移行を行わず、余裕を持った時期に移行する計画を立てれば、万一のトラブルにも柔軟に対応できたでしょう。

そして、コスト削減を行う際には、業務

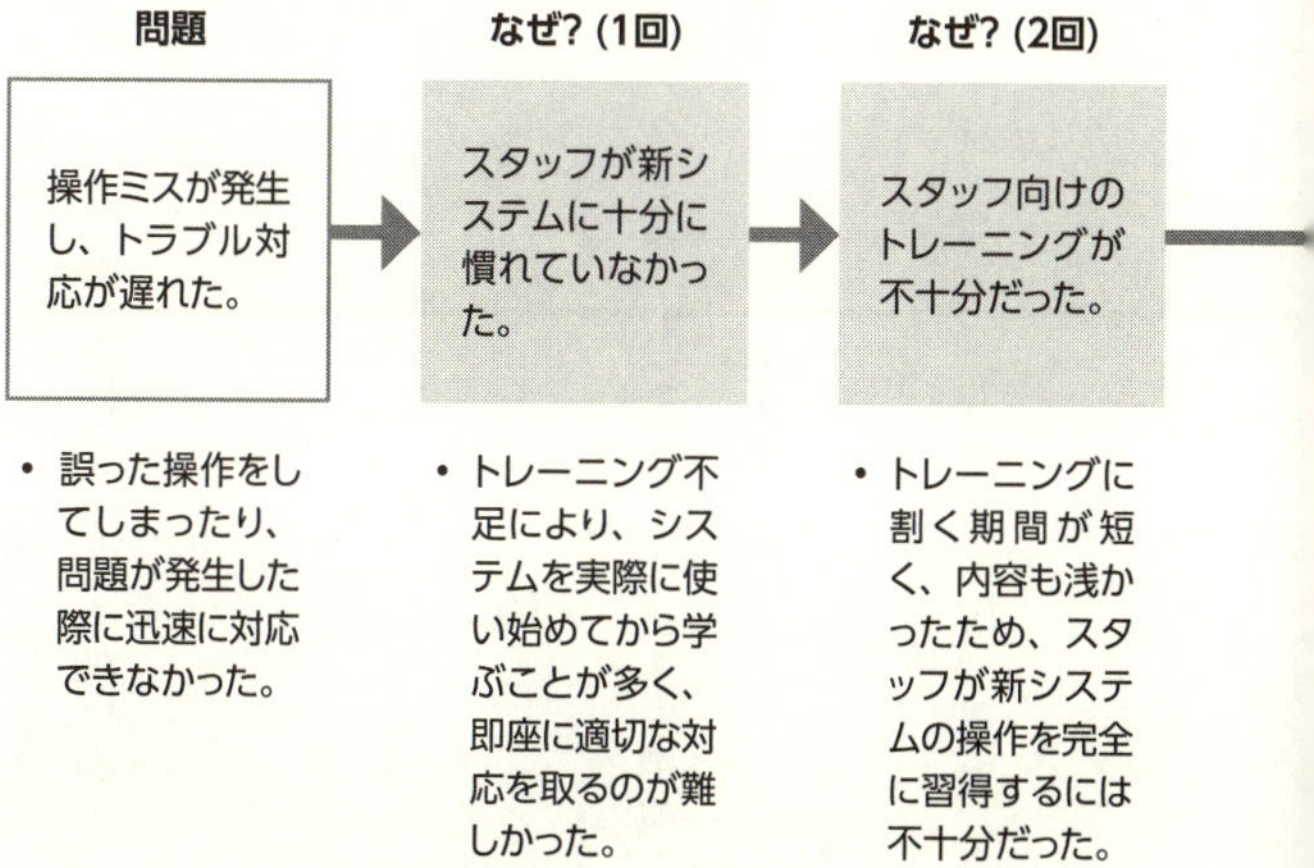
問題
操作ミスが発生し、トラブル対応が遅れた。
・誤った操作をしてしまったり、問題が発生した際に迅速に対応できなかった。
なぜ？（1回）
スタッフが新システムに十分に慣れていなかった。
・トレーニング不足により、システムを実際に使い始めてから学ぶことが多く、即座に適切な対応を取るのが難しかった。
なぜ？（2回）
スタッフ向けのトレーニングが不十分だった。
・トレーニングに割く期間が短く、内容も浅かったため、スタッフが新システムの操作を完全に習得するには不十分だった。

効率やリスク管理のために必要な投資を見極めなければいけません。短期的なコスト削減が長期的な損失につながらないよう、全体的なバランスを考慮して計画を進めることが求められます。

以上のことから、仮定と結論は次のように変わります。

仮定：新システムは既存システムとの互換性が高いが、スタッフの習熟、リスク管理を考慮したバランスの取れたコスト削減が必要である。

結論：新システム導入予算を抑制しつつ、スタッフの十分なトレーニングを行い、決算処理を避けたリリース計画を立て、リスクを最小限に抑えつつコスト削減を実現する。

今回の新システム導入では、トラブル対応で多大な損失が発生しました。一方で、似たようなプロジェクトは今後も続くため、そちらへの教訓として今回の分析結果を共有していくことにしました。

【まとめ】

この失敗以降、類似《るいじ》するプロジェクトでは徹底した準備が行われました。まず、導入前にスタッフ全員が十分なトレーニングを受け、システムの操作に慣れることが最優先とされました。また、移行プロセスでは段階的な切り替えが採用され、ステップごとにトラブルシューティングを実施。これにより、初期トラブルが大幅に減少し、スムーズな移行が実現しました。

当時は手痛い失敗でしたが、その教訓が企業全体として大きな成長を遂《と》げる要因となりました。

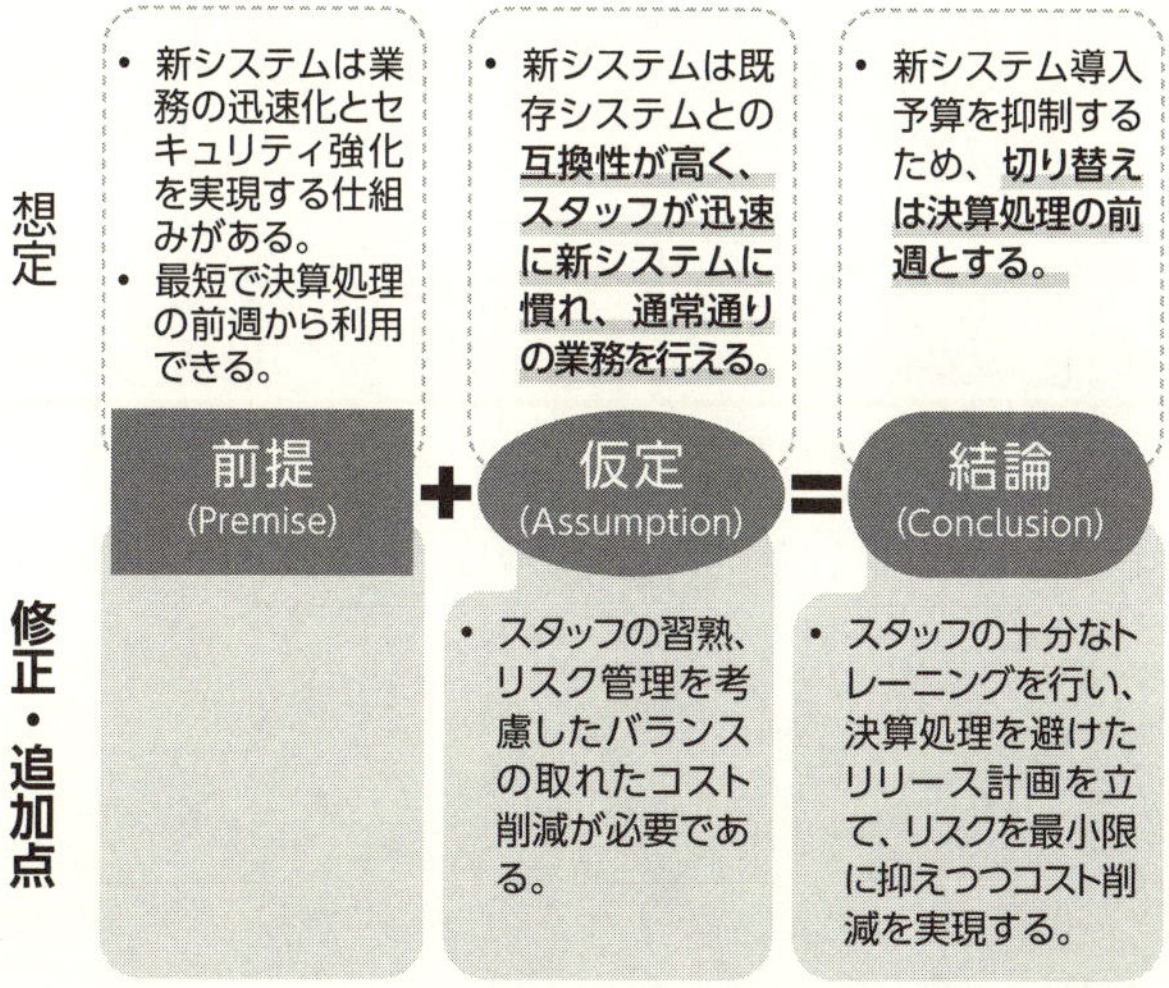

想定
・新システムは業務の迅速化とセキュリティ強化を実現する仕組みがある。
・最短で決算処理の前週から利用できる。
・新システムは既存システムとの互換性が高く、スタッフが迅速に新システムに慣れ、通常通りの業務を行える。
・新システム導入予算を抑制するため、切り替えは決算処理の前週とする。
前提 (Premise)
+
仮定 (Assumption)
=
結論 (Conclusion)
修正・追加点
・スタッフの習熟、リスク管理を考慮したバランスの取れたコスト削減が必要である。
・スタッフの十分なトレーニングを行い、決算処理を避けたリリース計画を立て、リスクを最小限に抑えつつコスト削減を実現する。

4-3-3 ≫AI導入で生産性は向上するか？

最後に取り上げるのは、結論に問題があるケースです。ＡＩがカスタマーサポートの業務効率を向上させることを前提に、従業員はそれを積極的に受け入れるという仮定、その結果として期待する結論を確認します。

前提：ＡＩはカスタマーサポートの自動応答システムやデータ入力の自動化によって業務効率を飛躍的に向上させる。
仮定：従業員は新しいＡＩシステムを積極的に受け入れ、それに基づく新しい業務プロセスに迅速に適応する。
結論：ＡＩ導入で業務生産性が向上、より付加価値の高い業務に従業員はシフトする。

この結論に基づいてＡＩ導入が進められましたが、実際には期待通りの生産性向上は達成されませんでした。なぜ結論通りにならなかったのでしょう？

■ロジック検証：前提〜結論

問題はカスタマーサポート業務とデータ入力業務にありました。

カスタマーサポートでは、ＡＩによる自動応答システムが導入されましたが、サポートスタッフがＡＩに対して不安を感じ、役割が縮小されることへの抵抗から、ＡＩの活用を避けるケースが多発しました。その結果、顧客からの問い合わせがオペレーターに集中し、ＡＩの活用が進まず、対応が遅れる事態に陥りました。

データ入力業務では、ＡＩによる自動化でミス削減とスピードアップが期待されていましたが、従業員はＡＩの操作に不慣れで、手作業に対する安心感からＡＩの活用に消極的でした。これにより、自動化プロセスが円滑に機能せず、データの正確性やスピードが向上しないどころか、ミスやエラーが増加しました。

こうした問題へのロジック検証を、人・プロセス・データの切り口で網羅的にチェックするべく、従業員へのアンケート調査、業務プロセスの観察、生産性データの分析を行うことにします。

検証したところ、前提に示した内容はＡＩによる客観的な効果であり、これ自体は正しいことがわかりました。一方で、「従業員がＡＩシステムを積極的に受け入れて、新しい業務プロセスに適応する」という仮定は誤っていました。

従業員へのアンケート調査：

ＡＩシステム導入後、従業員に対して使用状況や感じている不安についてアンケートを実施しました。その結果、多くの従業員がＡＩによって自身の役割が脅《おびや》かされることを恐れ、積極的にＡＩを活用していないことが判明しました。

業務プロセスの観察：

ＡＩシステムの活用状況を確認しました。特にカスタマーサポート業務では、ＡＩの自動応答システムが十分に機能していないことが明らかになりました。これにより、従業員の抵抗感が業務効率に直接的な悪影響を与えていることが確認されました。

生産性データの分析：

ＡＩ導入前後での生産性をデータ分析し、期待されていた効率化が達成されていないことを確認しました。これにより、従業員のＡＩへの抵抗感が生産性を押し下げていることがデータで裏付けられました。これらは前提の追加点になります。

この結果を受けて、カスタマーサポート業務チームは問題の原因を分析し、３つの対策を立案しました。

①従業員教育の強化
②支援体制の確立
③フィードバックの収集と改善

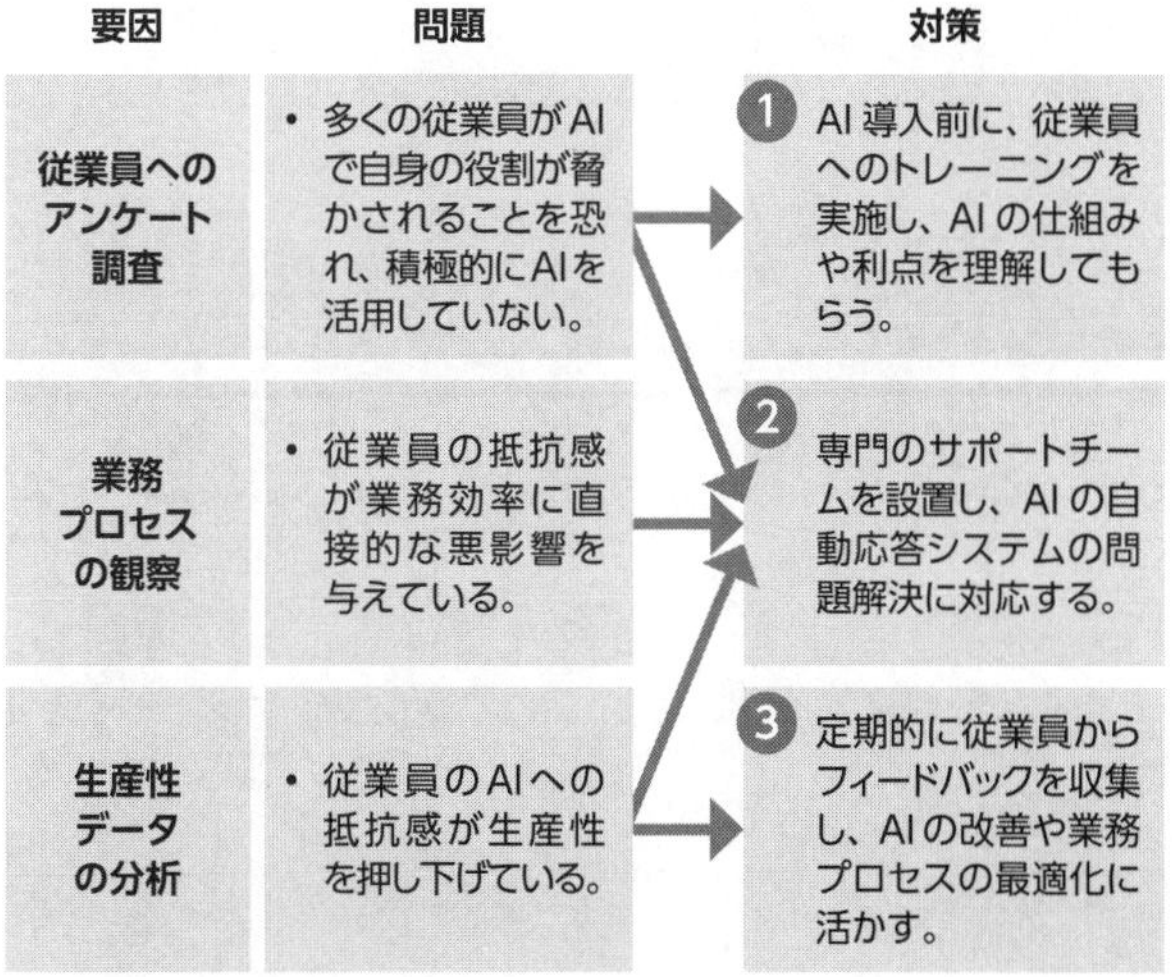
要因
問題
対策
従業員へのアンケート調査
• 多くの従業員がAIで自身の役割が脅かされることを恐れ、積極的にAIを活用していない。
1 AI 導入前に、従業員へのトレーニングを実施し、AI の仕組みや利点を理解してもらう。
業務プロセスの観察
• 従業員の抵抗感が業務効率に直接的な悪影響を与えている。
2 専門のサポートチームを設置し、AI の自動応答システムの問題解決に対応する。
生産性データの分析
• 従業員のAIへの抵抗感が生産性を押し下げている。
3 定期的に従業員からフィードバックを収集し、AI の改善や業務プロセスの最適化に活かす。

ＡＩ導入前に、従業員に十分なトレーニングを実施し、ＡＩの仕組みや利点を理解してもらいます。導入後も、専門のサポートチームを設置して日々の問題解決に対応し、定期的にフィードバックを収集して改善に反映させることが必要です。

これらを仮定と結論に当てはめると、前提を含めて次のように整理できます。

前提：ＡＩはカスタマーサポートの自動応答システムやデータ入力の自動化によって業務効率を飛躍的に向上させる。

：従業員はＡＩ導入に対して不安を抱いており、積極的に受け入れられない可能性が高い。そのため、導入時には十分な教育とサポートが必要である。

仮定：トレーニングと支援体制によって、従業員がＡＩを安心して受け入れ、新しい業務プロセスにスムーズに適応できる。

結論：ＡＩ導入で業務生産性が向上、より付加価値の高い業務に従業員はシフトする。

：従業員に対する継続的な教育とサポートを提供し、ＡＩに対する不安を取り除くことで、業務プロセスの円滑な移行を実現する。

【まとめ】

ＡＩ導入後のテコ入れ策を実施した結果、従業員に対するトレーニングとサポート体制が整ったことで、ＡＩの活用がスムーズに進みました。カスタマーサポートやデータ入力の自動化が効果を発揮《はっき》、業務の生産性が大幅に向上し、従業員はルーティン作業から解放されて、より付加価値の高い業務へ徐々にシフトし始めています。

結果として、組織全体の効率が向上し、顧客満足度も高まりました。

	前提 (Premise)	＋ 仮定 (Assumption)	＝ 結論 (Conclusion)
想定	・AIはカスタマーサポートの自動応答システムやデータ入力の自動化によって業務効率を飛躍的に向上させる。	・従業員は新しいAIシステムを積極的に受け入れ、それに基づく新しい業務プロセスに迅速に適応する。	・AI導入で業務生産性が向上、より付加価値の高い業務に従業員はシフトする。
修正・追加点	・従業員はAI導入に対して不安を抱いており、積極的に受け入れられない可能性が高い。そのため、導入時には十分な教育とサポートが必要である。	・トレーニングと支援体制によって、従業員がAIを安心して受け入れ、新しい業務プロセスにスムーズに適応できる。	・従業員に対する継続的な教育とサポートを提供し、AIに対する不安を取り除くことで、業務プロセスの円滑な移行を実現する。

第5章

実際にあったPAC思考

5-1 ≫日本企業のケースにおけるＰＡＣ思考

日本企業の失敗から得られる教訓は、同じ環境や市場で活動する他の日本企業やビジネスパーソンにとって、直接的に適用可能です。ＰＡＣ思考を適切に活用することで、同様の過《あやま》ちを回避できる可能性が高まります。

日本企業の失敗は、短期的な利益追求や楽観的な仮定に基づくものが多く、ＰＡＣ思考のフレームワークを用いてこれらの誤りを検証することで、長期的かつ持続可能な意思決定の重要性が明確になります。

この節では、**「東京スカイツリー」**と**「シャープの液晶テレビ」**を取り上げます。

	前提 (Premise)	+	仮定 (Assumption)	=	結論 (Conclusion)
5-1-1 東京スカイツリー	・スカイツリータウンの開業により、墨田区全体が観光地として活性化し、観光客が町全体を巡ることで地元経済が潤う。	+	・スカイツリータウンを訪れる観光客は、地域全体に波及し、地元商店街や沿線施設の利用が増加する。	=	・スカイツリータウン開業を見据え、沿線の再開発と観光施設の強化に投資を集中させ、鉄道事業と地域経済を大きく発展させる。
5-1-2 シャープの液晶テレビ ①2005年	・世界のテレビ市場は今後、40インチ以上の大型液晶テレビが主流になる。	+	・シャープの技術力は競合他社を上回り、巨額の設備投資を回収できる。	=	・第8世代液晶パネル工場への巨額投資を行い、市場シェアを拡大する。
②2022年	・米中貿易摩擦が続く中、米国市場で大型液晶パネルの供給に優位性がある。	+	・SDPを完全子会社化することで、パネルの安定供給と事業成長が見込める。	=	・SDPを完全子会社化し、大型ディスプレイ事業を強化する。

5-1-1 ≫東京スカイツリー

2012年、東京スカイツリーが華々《はなばな》しく開業しました。高さ634メートルを誇《ほこ》る東京スカイツリーは、日本の新しいシンボルとして注目を集め、数百万人の来場者が見込まれていました。その周辺施設を含むスカイツリータウン全体の集客力はさらに多く、年間約3200万人[1]が訪れると予測されていました。

東京スカイツリーがある墨田《すみだ》区は東京の下町で、「ものづくりの街」として知られ、長らく町工場や小規模な商店が集まる地域でした。観光業とはあまり縁《えん》がなく、主立った宿泊施設もほとんどありませんでした。しかし、スカイツリータウンの完成により、墨田区は一大観光地としてのポテンシャルを秘めることとなり、区全体の経済が活性化し、観光客が町全体を巡《めぐ》ることで地元経済が潤《うるお》うという期待が膨《ふく》らんでいたのです。

■論点の整理

スカイツリータウンの開業による観光客の流入が、墨田区全体の経済にどのような影響

1. 『東武／東京ソラマチ』（流通ニュース）
https://www.ryutsuu.biz/backnumber/store/e062225.html

を与えるかが最大の論点でした。

　スカイツリータウンを開発した東武鉄道は、スカイツリータウンを中心に観光客を地域全体に波及させ、観光地としての墨田区を活性化させることで、鉄道利用者数も増加し、沿線の商業施設や地元商店街が恩恵《おんけい》を受けると仮定しました。そのため、東武鉄道はスカイツリータウン開業に合わせて、沿線の再開発と観光施設の強化に巨額の投資を行いました。

　たとえば、押上《おしあげ》駅のリニューアルや、東武鉄道沿線のアクセス向上を目的とした新たなバス路線の開設などがその一環です。

当時の想定

前提 (Premise)
- スカイツリータウンの開業により、墨田区全体が観光地として活性化し、観光客が町全体を巡ることで地元経済が潤う。

＋ 仮定 (Assumption)
- スカイツリータウンを訪れる観光客は、地域全体に波及し、地元商店街や沿線施設の利用が増加する。

＝ 結論 (Conclusion)
- スカイツリータウン開業を見据え、沿線の再開発と観光施設の強化に投資を集中させ、鉄道事業と地域経済を大きく発展させる。

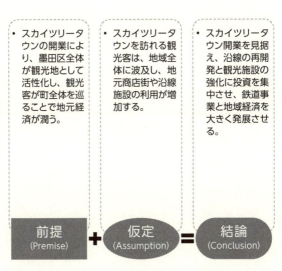

また、スカイツリータウン内には、総売り場面積が約5万2000平方メートルに及ぶ大型商業施設「東京ソラマチ」が誕生し、312店舗が出店しました。

前提：スカイツリータウンの開業により、墨田区全体が観光地として活性化し、観光客が町全体を巡ることで地元経済が潤う。

仮定：スカイツリータウンを訪れる観光客は、地域全体に波及し、地元商店街や沿線施設の利用が増加する。

結論：スカイツリータウン開業を見据え、沿線の再開発と観光施設の強化に投資を集中させ、鉄道事業と地域経済を大きく発展させる。

しかし、現実は期待を大きく裏切る形となりました。スカイツリータウンには予測を超える観光客が訪れたものの、その経済効果は墨田区全体には波及せず、むしろ地元商店街には逆風が吹きました。スカイツリータウン内で消費が完結し、観光客は周辺の商店街に足を運ぶことなく帰ってしまうことが多かったのです。

2.『開業後の来場者数推移』（東武鉄道）
https://www.tobu.co.jp/cms-pdf/news/20230522142142zRSOnwTIqddgKxXUIt11xA.pdf
3.『スカイツリーで地元に悪影響』（電磁波問題市民研究会）
https://dennjiha.org/?page_id=8241

東武鉄道の計画には、いくつかの誤った前提と仮定が存在していました。

前提の誤り：

スカイツリータウンの開業が墨田区全体の観光地化を促進《そくしん》するという前提が誤りでした。スカイツリータウンの観光客は、その多くがスカイツリータウン内で消費を完結し、周辺地域へはあまり波及しませんでした。スカイツリータウンの初年度の年間観光客数は目標の3200万人を超えて4476万人[2]に達しましたが、大部分は東京ソラマチやスカイツリーに集中し、周辺地域の商業施設や飲食店への影響は限定的でした。

仮定の誤り：

観光客が地域全体を巡るという仮定も、現実にはほとんど実現しません。観光客はスカイツリータウン内の「東京ソラマチ」に集中し、地元商店街は観光客を取り込むことができず、売上が大幅に減少しています。たとえば、ある地元の居酒屋は、スカイツリータウン開業前は1日あたり10万～15万円の売上を計上していたのですが、開業後は1万円まで落ち込むケース[3]もありました。

また、地元商店が「東京ソラマチ」への入居を希望しても、高額な家賃や売上歩合《ぶあい》の条件により入居できず、312店舗中、地元商店の入居はわずか15店舗に留まりました。多くの店舗は都心からの大手ブランドが占め、地元商店街との競争力の差が浮き彫りになったのです。

結論の誤り：
前提と仮定の誤りから、結論も当然誤りとなります。スカイツリータウンの開業により、沿線の再開発と観光施設の強化に投資を集中させましたが、東武鉄道が発表する『開業後の来場者数推移（スカイツリータウン）[2]』は2013年度から2019年度まで年平均マイナス5％成長だったのです。

■どうすべきであったか

スカイツリータウン自体は成功しましたが、その成功は周辺地域には波及しませんでした。観光客の多くがスカイツリータウン内での消費に終始《しゅうし》し、周辺の商店街にはほとんど足を運びませんでした。地元商店街では観光客が減少し、売上が大幅に落ち込む店舗が続出しました。

スカイツリータウンは強力な集客力を持ちますが、観光客が地域全体を巡回する仕組みを作らなければ、周辺地域に十分な経済効果は波及しません。観光客がスカイツリータウンから地元商店街や周辺施設に足を運ぶための動線やインセンティブを設ける必要もあるでしょう。

地元商店のソラマチへの入居を促進し、観光客が地域全体を巡回するための観光ルートを開発、地元商店街でのイベントやプロモーションを強化し、スカイツリータウンと地域全体の相乗効果を高めるべきでした。

たとえば、次のような対策を講じることで、地域全体の経済効果を拡大することができた可能性があります。

・地元商店のソラマチ入居促進
・観光ルートの開発
・地元商店街のイベント強化

・観光バスの駐車場整備
・地域との共生を重視した開発

このプロジェクトから得られた教訓は、巨大な観光施設の成功が必ずしも周辺地域全体の活性化に直結するわけではないということです。観光客を地域全体に波及させるための仕組み作りが重要であり、地域特性や既存の商業インフラを考慮した計画が必要です。地域住民や地元企業との協力を重視し、観光施設の開発と地域経済の発展を両立させることが、長期的な成功につながるというケースでした。

なお、コロナ禍を経てスカイツリーへの来場者数は増加していますが、観光客が東京スカイツリー周辺に集中し、周辺地域への波及効果がいまだ不十分であることは関係者も認めるところです。[4]

最後に、「当時の想定」と「望ましかった思考」のＰＡＣを比較します。

4. 『東京スカイツリー 墨田区 特別座談会』（観光経済新聞）
https://www.kankokeizai.com/【墨田区特別座談会】東京スカイツリー会長兼社/

	前提 (Premise)	仮定 (Assumption)	結論 (Conclusion)
当時の想定	• スカイツリータウンの開業により、墨田区全体が観光地として活性化し、観光客が町全体を巡ることで地元経済が潤う。	• スカイツリータウンを訪れる観光客は、地域全体に波及し、地元商店街や沿線施設の利用が増加する。	• スカイツリータウン開業を見据え、沿線の再開発と観光施設の強化に投資を集中させ、鉄道事業と地域経済を大きく発展させる。
望ましかった思考	• スカイツリータウンの観光客を地域全体に波及させる仕組みがなければ、経済効果は限定的となる。	• 観光客が地元商店街や周辺施設を訪れるような動線とインセンティブが必要である。	• 地元商店のソラマチ入居促進、観光ルートの開発、地域イベントの強化を行い、地域全体の活性化を目指す。

5-1-2 ≫シャープの液晶テレビ

シャープは液晶ディスプレイ技術で一時は世界をリードし、2000年代には「世界の亀山モデル」として高い評価を受けていました。2004年と2006年、三重県亀山市に約4000億円を投じて液晶パネル工場を建設し、さらに2009年には大阪府堺《さかい》市に約4300億円を投資して新工場を建設しました。

しかし、リーマンショックや円高、韓国・中国の競合メーカーの台頭《たいとう》によって競争力を失い、2016年には台湾の鴻海《ホンハイ》精密工業の傘下《さんか》に入りました。その後、シャープはコストカットを進めることで一時的に黒字化しましたが、2022年には再び大規模な損失を計上。堺ディスプレイプロダクト（SDP）の買い戻しという戦略的判断が逆に業績悪化を招く結果となりました。

ここでは、シャープにとって重大な転換点であったといえる2005年と2022年の戦略をPAC思考で解説していきます。[5,6]

5. 『シャープ、失敗の本質と再生の可能性』（ニッポンドットコム）
https://www.nippon.com/ja/currents/d00179/
6. 『2608億円赤字のシャープ、社長「私に責任」 見誤った液晶戦略』（朝日新聞デジタル）
https://www.asahi.com/articles/ASR5C7423R5CPLFA004.html

■論点の整理：①2005年

2005年、シャープは液晶ディスプレイ市場でのシェア拡大を目指し、第8世代の液晶パネル工場への巨額投資を決断しました。この時点での論点は、**「市場成長の見込みと競争力の維持」をどう判断するか**でした。当時のテレビ市場が大型化のトレンドにあり、特に40インチ以上の大型液晶テレビの需要が急増するとの予測[7]に基づき、シャープは巨大な設備投資を行い、世界最大級の液晶パネル生産ラインを構築することを決定しました。

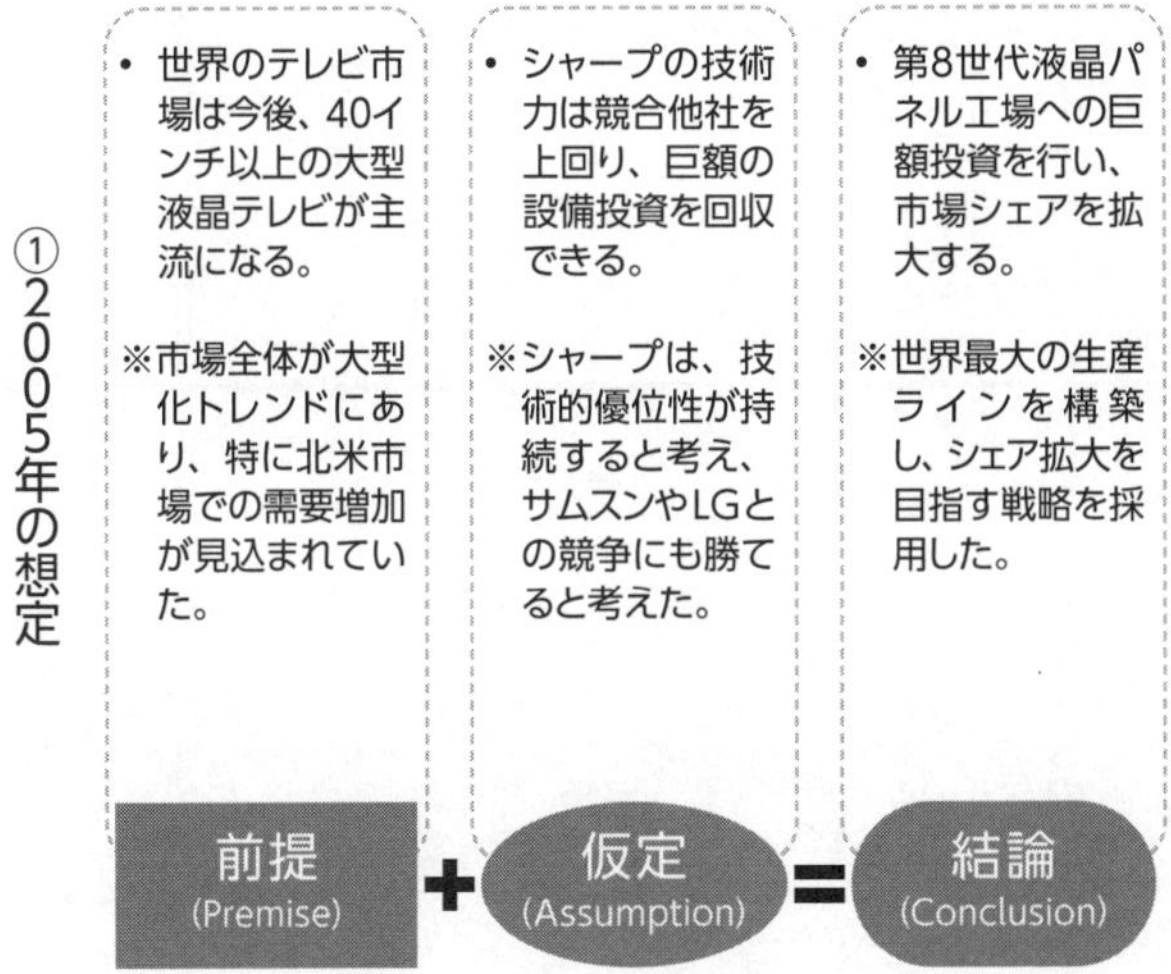
①2005年の想定
・世界のテレビ市場は今後、40インチ以上の大型液晶テレビが主流になる。
※市場全体が大型化トレンドにあり、特に北米市場での需要増加が見込まれていた。
・シャープの技術力は競合他社を上回り、巨額の設備投資を回収できる。
※シャープは、技術的優位性が持続すると考え、サムスンやLGとの競争にも勝てると考えた。
・第8世代液晶パネル工場への巨額投資を行い、市場シェアを拡大する。
※世界最大の生産ラインを構築し、シェア拡大を目指す戦略を採用した。
前提 (Premise)
+
仮定 (Assumption)
=
結論 (Conclusion)

前提：世界のテレビ市場は今後、40インチ以上の大型液晶テレビが主流になる。
仮定：シャープの技術力は競合他社を上回り、巨額の設備投資を回収できる。
結論：第8世代液晶パネル工場への巨額投資を行い、市場シェアを拡大する。

この決定には多くのリスクが伴いました。競合他社であるサムスンやLGが、すでに第7世代のパネル生産技術を確立し、市場に低価格で大量供給を開始していたからです。また、シャープは技術的な優位性を過信し、コスト競争力の面で競合に対抗できると仮定しましたが、後に大きな誤りであることが判明しました。

前提の誤り：
シャープは消費者が急速に大型テレビに移行すると考えましたが、実際には消費者の需要はそれほど急速に変化しませんでした。特に北米市場では、40インチ以上のテレビに対する需要は予想を下回り、成長は緩《ゆる》やかなものでした。また、リーマンショックのような経済的要因が市場成長に与える影響を過小評価していました。世界経済の不確実性が高まる中で、消費者が高価格の大型テレビを購入する意欲が減少し、その結果、市

7. 『シャープ、年頭記者会見を開催――液晶事業に1900億円強を投資し、主力40～50インチクラスの大型パネルの増産をシフトアップ!!』(アスキー) https://ascii.jp/elem/000/000/351/351370/

場は予測ほど成長しなかったのです。

仮定の誤り：

シャープは、自社の技術力が持続するという仮定を置いていましたが、韓国のサムスンやLGが既存技術を改良し、製造コストを大幅に削減して市場を支配するようになり、シャープの競争力は相対的に低下しました。シャープは、技術革新が自社に有利に働くとも考えていましたが、競合他社が短期間で技術的なキャッチアップを行い、さらに低価格で製品を提供することで市場を席巻、シャープの技術的優位性は短期間で失われました。

結論の誤り：

シャープは、1つの技術（大型液晶テレビ）に巨額の資本を集中投下することで、リスクを極端に集中させてしまいました。この投資戦略は、市場が予想通りに成長しない場合、大きな損失を招くリスクを伴いました。巨額の投資はシャープの財務に大きな負担をかけ、競合他社の攻勢に対して迅速に対応するための柔軟性を失わせました。結果的に、シャープは急速に変化する市場環境に適応できず、競争力を失うことになりました。シャープは設備投資に多額の資本を投入しましたが、そのリターンが期待に届かず、財務上の圧迫要因となりました。これは、資本効率が著《いちじる》しく低下する原因となり、後の経営難につながる大きな要因となりました。

■どうすべきであったか：①2005年

シャープは第8世代液晶パネル工場への巨額投資により、2009年3月期からたびたび損失が続き、最終的に2016年に鴻海に買収される結果となりました。特に、リーマンショック後の市場縮小と円高によって、シャープは競争力を失い、資金繰りが悪化しました。

2005年時点でのシャープの戦略には、市場の変化を正確に捉え、競合他社の動向を分析しながら、段階的に投資を進める慎重さが必要でした。また、技術力への依存を避け、コスト競争力を強化するために、投資リスクを分散し、複数の製品ラインで柔軟に対応する戦略が求められていました。PAC思考で整理すると次のようになります。

	前提 (Premise)	仮定 (Assumption)	結論 (Conclusion)
①2005年の想定	・世界のテレビ市場は今後、40インチ以上の大型液晶テレビが主流になる。 ※市場全体が大型化トレンドにあり、特に北米市場での需要増加が見込まれていた。	・シャープの技術力は競合他社を上回り、巨額の設備投資を回収できる。 ※シャープは、技術的優位性が持続すると考え、サムスンやLGとの競争にも勝てると考えた。	・第8世代液晶パネル工場への巨額投資を行い、市場シェアを拡大する。 ※世界最大の生産ラインを構築し、シェア拡大を目指す戦略を採用した。
望ましかった思考	・市場の不確実性と競合の技術進化を考慮し、大型液晶テレビ市場の成長は限定的であると見積もる。	・高コストな第8世代工場への投資ではなく、既存設備の効率化や中小型パネル市場への分散投資を行う。	・より慎重な投資戦略を採用し、リスクを分散することで、競合他社に対抗しながらも柔軟な経営体制を維持する。

前提 ＋ 仮定 ＝ 結論

■論点の整理：②2022年

その後、2022年、シャープは堺ディスプレイプロダクト（SDP）を完全子会社化する決断をしました。この時点での論点は、**「市場の動向と経営資源の最適化」をどう判断するか**でした。米中貿易摩擦《まさつ》が続く中、シャープはSDPを買い戻すことで米国市場での競争力強化を狙《ねら》いました。この決定の背後には、SDPが米国市場において大規模なパネル供給を行うことで、シャープが市場シェアを拡大し、再び成長軌道に乗るという期待がありました。[8]

②2022年の想定

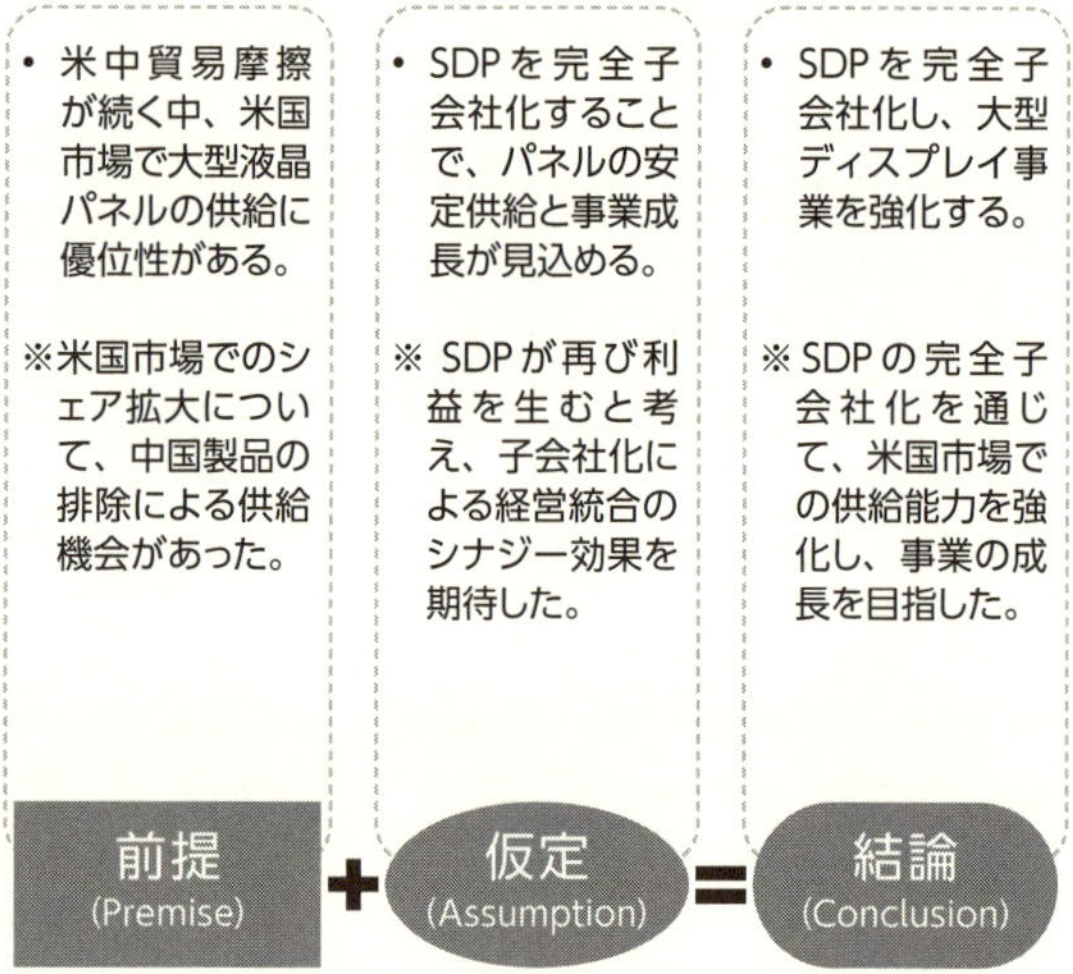

・米中貿易摩擦が続く中、米国市場で大型液晶パネルの供給に優位性がある。
※米国市場でのシェア拡大について、中国製品の排除による供給機会があった。
・SDPを完全子会社化することで、パネルの安定供給と事業成長が見込める。
※ SDPが再び利益を生むと考え、子会社化による経営統合のシナジー効果を期待した。
・SDPを完全子会社化し、大型ディスプレイ事業を強化する。
※SDPの完全子会社化を通じて、米国市場での供給能力を強化し、事業の成長を目指した。
前提 (Premise)
＋
仮定 (Assumption)
＝
結論 (Conclusion)

8. 『衰退するシャープは「日本そのもの」か “世界の亀山モデル”が失敗パターンにハマった理由』(ITmedia)
https://www.itmedia.co.jp/business/articles/2405/22/news044.html

前提：米中貿易摩擦が続く中、米国市場で大型液晶パネルの供給に優位性がある。
仮定：ＳＤＰを完全子会社化することで、パネルの安定供給と事業成長が見込める。
結論：ＳＤＰを完全子会社化し、大型ディスプレイ事業を強化する。

しかし、実際には液晶パネル市場はすでに縮小傾向にあり、特に大型液晶パネルの需要は低迷していました。また、シャープが想定していた米中貿易摩擦による市場の優位性も思ったほどの効果を発揮せず、むしろ市場環境の悪化により、ＳＤＰの業績は急速に悪化しました。このように、ＳＤＰの完全子会社化という決定が、シャープにとって大きなリスクであることが後に明らかになりました。

前提の誤り：
シャープは米中貿易摩擦による市場環境の変化に過度に期待を寄せ、ＳＤＰが米国市場での優位性を発揮できると過信していました。しかし、競争相手である中国や韓国の企業は、価格と性能の両面で優位に立っており、ＳＤＰの復活は想定通り進みませんでした。

仮定の誤り：

ＳＤＰの買い戻しがシャープに競争力を再びもたらすという仮定は、現実の市場環境を過小評価していました。特に、液晶パネル市場がすでに価格競争に突入しており、シェアを拡大するにはさらなる技術革新やコスト削減が必要でした。

結論の誤り：

ＳＤＰの買い戻しによってシャープが市場競争力を取り戻すどころか、巨額の投資が新たな負担となり、２０２３年3月期には6年ぶりの赤字に転落する結果となりました。これにより、企業全体の経営が再度不安定な状態に陥りました。

■どうすべきであったか：②２０２２年

ＳＤＰ買い戻し後、収益化を過信せず、競争力強化のため技術革新やコスト削減を進めるべきでした。また、米国や新興市場での戦略強化が必要でした。ＰＡＣ思考で整理すると次のようになります。

	前提 (Premise)	仮定 (Assumption)	結論 (Conclusion)
②2022年の想定	・米中貿易摩擦が続く中、米国市場で大型液晶パネルの供給に優位性がある。 ※米国市場でのシェア拡大について、中国製品の排除による供給機会があった。	・SDPを完全子会社化することで、パネルの安定供給と事業成長が見込める。 ※ SDPが再び利益を生むと考え、子会社化による経営統合のシナジー効果を期待した。	・SDPを完全子会社化し、大型ディスプレイ事業を強化する。 ※SDPの完全子会社化を通じて、米国市場での供給能力を強化し、事業の成長を目指した。
望ましかった思考	・米中貿易摩擦のリスクは長期化し、市場状況も悪化しているため、SDPの完全子会社化はリスクが高いと認識する。	・SDPの完全子会社化による利益貢献は限定的であると予測し、代替の成長戦略を検討する。	・SDPの完全子会社化を見送り、他の収益性の高い事業へのリソース再配分を行うことで、経営の安定化を図る。

シャープの2005年と2022年の失敗から得られる教訓は、次の5点です。

①過去の成功に固執《こしつ》しない：

技術力や過去の成功体験を過信すると、市場の変化に対応できなくなるリスクが高まります。常に市場動向を注視し、競合他社の動きや消費者のニーズに敏感《びんかん》であることが重要です。

②慎重な投資：

大規模な投資を行う際には、市場の成長予測や競争環境を慎重に分析し、リスクを分散させる戦略を採用するべきです。また、投資のタイミングや規模についても段階的に検討し、柔軟に対応できる計画を立てることが求められます。

③外部の視点を取り入れる：

重要な経営判断を行う際には、内部の意見だけに頼らず、外部の専門家や市場アナリストの意見を取り入れることで、より客観的でリスクを抑えた意思決定ができます。

④事業構造の見直しと最適化：
事業環境が変化する中で、過去に成功した事業モデルが通用しなくなることがあります。その場合、迅速に事業構造を見直し、経営資源を最適な領域に集中させることで、競争力を維持することが重要です。

⑤柔軟な経営戦略：
経営環境が変化した際には、迅速かつ柔軟に戦略を見直す必要があります。特に、新興市場や成長市場への迅速なシフトや、新技術への投資を通じて競争優位を確保することが求められます。

これらの教訓は、シャープに限らず、どの企業においても適用可能なものであり、長期的な成功を目指すために不可欠な要素といえるでしょう。ＰＡＣ思考で前提、仮定、結論の妥当性を突き詰めれば、こうした分析が可能になります。

5-2 ≫海外企業のケースにおけるＰＡＣ思考

海外企業の失敗から得られる教訓は、日本企業にとっても非常に有益です。グローバルな視点を持ち、地域ごとの市場特性に対応することや、技術革新に迅速に適応する重要性が強調されます。さらに、経営陣が迅速で柔軟な意思決定を行い、長期的な視点に立った持続可能な戦略を構築することが求められます。もちろん、リスク管理も重要です。海外企業の失敗をＰＡＣ思考のフレームワークで分析することで、日本企業は異なる視点から多くの教訓を得られ、それを自社の戦略に応用することで、競争力を高めることが可能です。

この節では、**「ブラックベリー」**を取り上げます。

5-2-1　ブラックベリー

	前提 (Premise)	+	仮定 (Assumption)	=	結論 (Conclusion)
①成功戦略の持続性	・モバイルユーザーは高セキュリティなビジネス向けデバイスを求めている。	+	・ビジネス市場は安定的に成長し続け、ビジネスユーザーがセキュリティと利便性を最優先する限り、競争優位を保てる。	=	・RIMは、ビジネス市場に特化したセキュリティ重視の製品（ブラックベリー）を提供し続けることで、確固たる市場シェアを維持できる。
②iPhoneへの戦略的対応	・ブラックベリーの強みであるセキュリティや物理キーボードは、スマートフォン市場での競争力を維持し続ける。	+	・iPhoneのタッチスクリーンやアプリのトレンドは長続きせず、ブラックベリーの地位に影響を与えない。	=	・ブラックベリーは従来の強みを維持し、ビジネスユーザー向けの機能を中心に製品開発を進める。
③製品撤退の決断	・iPhone登場以後も、ブラックベリーはビジネス市場において強力なブランド力を持ち、一定の需要が続く。	+	・市場シェアが縮小しても、ビジネス市場でのニッチな需要に依存することで、撤退を避けられる。	=	・ブラックベリーの製品ラインを維持しつつ、ビジネス市場に焦点を当てる戦略を継続する。

5-2-1 ≫ブラックベリー

ブラックベリーは、1999年にカナダのResearch In Motion（RIM）によって開発され、セキュリティ重視のビジネスユーザー向け端末として市場に登場しました。初期モデルの「BlackBerry 850」は、QWERTYキーボードを搭載《とうさい》し、ビジネスユーザーが電子メールを効率的にやり取りできるという点で画期的な製品でした。この戦略により、ブラックベリーは瞬《またた》く間《ま》に企業や政府機関の間で広く採用され、「ビジネスの必需品」として確固《かっこ》たる地位を築きました。

その成功は2011年に頂点を迎えました。スマートフォン市場でのリーダーとして、RIMは、セキュリティと利便性を武器にビジネス市場を席巻し、その年に5230万台ものブラックベリーを販売しました。

しかし、2007年に登場したiPhoneが市場に革命をもたらし、RIMはその変化に対応しきれず、徐々に市場シェアを失っていきました。2016年には、自社でのスマートフォン設計と生産を停止し、外部に委託《いたく》することを決断しました。

9. 『元祖スマートフォン「BlackBerry」は激しく浮き沈みして消えていった』（GIGAZINE） https://gigazine.net/news/20231017-rise-and-fall-of-blackberry/
10. 『iPhoneにあっさり首位を奪われた…世界中のビジネスマンに愛された「キーボード付きの元祖スマホ」の転落劇』（PRESIDENT Online） https://president.jp/articles/-/67536

ＲＩＭの衰退を理解するための主な論点は以下の３つです。

①成功戦略の持続性：成功を維持し、さらに発展させる戦略はなにか。
② iPhone への戦略的対応：新競合の iPhone への戦略をどう修正すべきか。
③製品撤退の決断：市場シェアを失った後、事業撤退をどう避けるべきか。

これらの論点を明らかにすることで、ＲＩＭが直面した課題と、その対応の誤りをより深く理解できます[9、10]。

■論点の整理：①成功戦略の持続性

ＲＩＭは、ビジネスユーザーやビジネス市場が求めるニーズを的確に捉えていました。当時、モバイル通信が普及し始めたばかりで、企業や政府機関は機密性の高い情報を扱うため、通信の安全性やセキュリティが非常に重要視されていました。ＲＩＭは、このニーズに応える形で、暗号化技術を活用し、セキュリティに特化したモバイル端末としてブラックベリーを提供し、ビジネスユーザーから高い支持を得ました。

ＲＩＭは、企業や政府機関との直接的な取引を通じて、ビジネス市場における支配的なポジションを確立しました。金融機関や政府機関に対してセキュリティ面で信頼性の高いブラックベリーを提供し、これにより、一度導入されたシステムからの切り替えが難しい特性を利用して、長期的な顧客関係を築いたのです。さらに、物理キーボードを備えたデバイスの使いやすさと、プッシュ型の電子メール機能がビジネスに最適化されていたため、多くのビジネスユーザーからブラックベリーは強い支持を受けました。

この戦略により、ブラックベリーは一時的にスマートフォン市場で非常に強力な地位を築きました。

前提：モバイルユーザーは高セキュリティなビジネス向けデバイスを求めている。

仮定：ビジネス市場は安定的に成長し続け、ビジネスユーザーがセキュリティと利便性を最優先する限り、競争優位を保てる。

結論：ＲＩＭは、ビジネス市場に特化したセキュリティ重視の製品（ブラックベリー）を提供し続けることで、確固たる市場シェアを維持できる。

このＰＡＣ思考により、ＲＩＭは初期の成功を手にします。ビジネス向けに特化した戦略が大きな効果を発揮し、スマートフォン市場でブラックベリーは圧倒的な存在感を示しました。特に、金融業界や政府機関からはセキュリティの高さが強く評価され、ビジネス市場において揺《ゆ》るぎない地位を確立しています。

　このセキュリティ重視のアプローチがブラックベリーのブランド価値を大いに高め、ビジネスユーザーにとって欠かせないツールとしての地位を確立することに成功しました。一時期は市場全体をリードし、スマートフォン市

①当時の想定

前提 (Premise)
- モバイルユーザーは高セキュリティなビジネス向けデバイスを求めている。

＋ 仮定 (Assumption)
- ビジネス市場は安定的に成長し続け、ビジネスユーザーがセキュリティと利便性を最優先する限り、競争優位を保てる。

＝ 結論 (Conclusion)
- RIMは、ビジネス市場に特化したセキュリティ重視の製品（ブラックベリー）を提供し続けることで、確固たる市場シェアを維持できる。

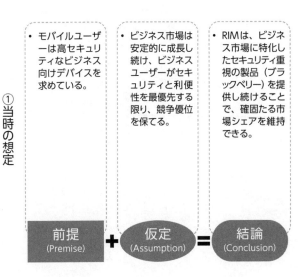

場の中で強力なブランドイメージを築き上げたのです。

■論点の整理：②iPhoneへの戦略的対応

ＲＩＭは、従来からの強みであるブラックベリーのセキュリティと物理キーボードが、今後もスマートフォン市場における競争力の源泉であると考えていました。当時、ビジネスユーザーを中心に高い評価を得ていたこれらの要素は、市場全体でのニーズが変わっても引き続き重要であり、競争優位を保つための鍵だと判断したからです。

iPhone登場時、ＲＩＭの経営陣は、iPhoneのタッチスクリーンやアプリケーション中心のエコシステムは一時的な流行に過ぎず、長期的にはビジネスユーザーが引き続きブラックベリーを支持するだろうと認識していました。特に、ビジネス向けのセキュリティ機能と物理キーボードの利便性が、iPhoneや他のタッチスクリーンデバイスに対する優位性を維持すると考えたのです。

この考えに基づき、ＲＩＭはiPhoneに対抗するための大幅な戦略変更を行わず、従来の強みに依存し続けました。

前提：ブラックベリーの強みであるセキュリティや物理キーボードは、スマートフォン市場での競争力を維持し続ける。

仮定：iPhone のタッチスクリーンやアプリのトレンドは長続きせず、ブラックベリーの地位に影響を与えない。

結論：ブラックベリーは従来の強みを維持し、ビジネスユーザー向けの機能を中心に製品開発を進める。

しかし、これによってＲＩＭは新しい市場トレンドに適応する機会を逃

②当時の想定

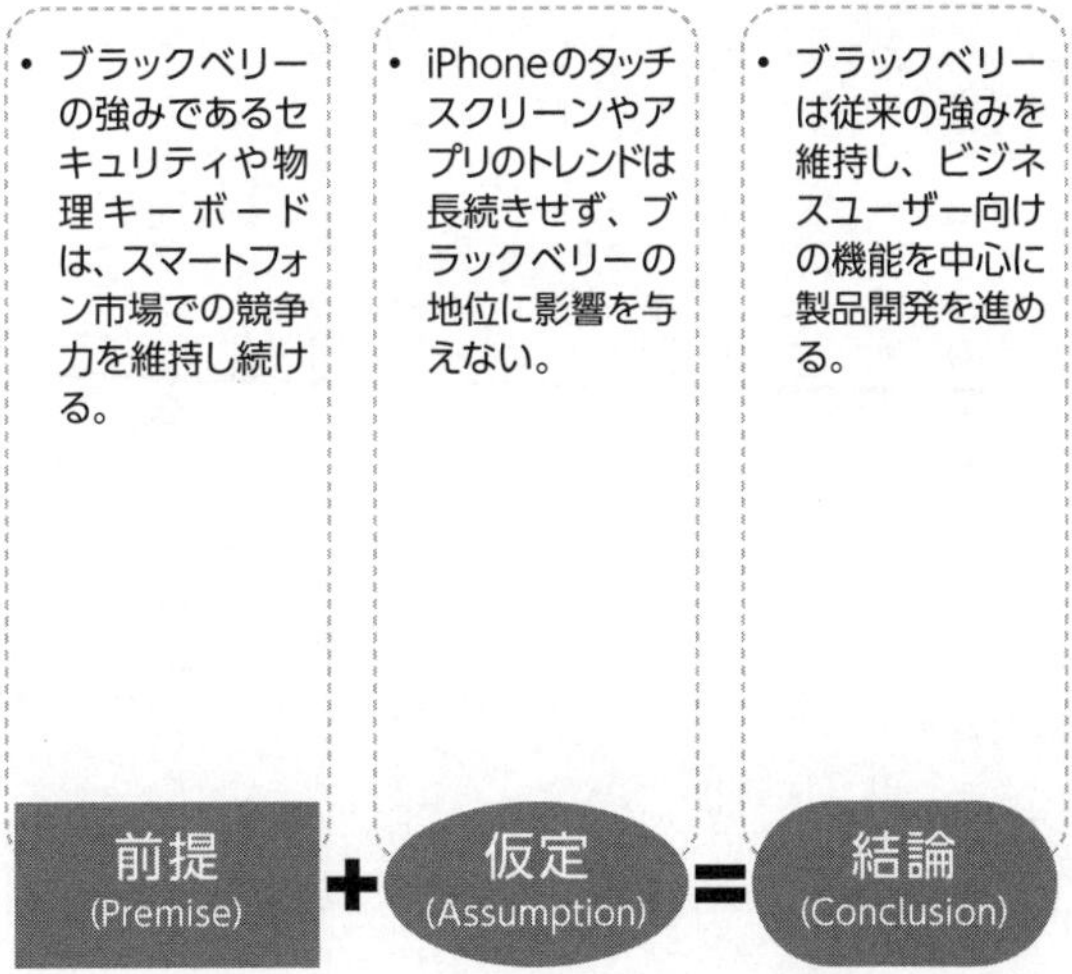

・ブラックベリーの強みであるセキュリティや物理キーボードは、スマートフォン市場での競争力を維持し続ける。
・iPhoneのタッチスクリーンやアプリのトレンドは長続きせず、ブラックベリーの地位に影響を与えない。
・ブラックベリーは従来の強みを維持し、ビジネスユーザー向けの機能を中心に製品開発を進める。
前提 (Premise)
仮定 (Assumption)
結論 (Conclusion)

し、次第に市場競争力を失っていったのです。

前提の誤り：

スマートフォン市場が急速に変化し、ビジネス用途だけでなく、一般消費者向けの多機能デバイスが求められる時代に突入したことをＲＩＭは見落としていました。iPhoneが登場したことで、ユーザーはビジネスと個人の用途を1台のデバイスでこなせるようになり、ブラックベリーのような専門性の高いデバイスに対する需要は次第《しだい》に薄れていったのです。

仮定の誤り：

タッチスクリーンを搭載したiPhoneが、ユーザーエクスペリエンスや利便性で大きな進化を遂げたことを、ＲＩＭは過小評価しています。iPhoneは、アプリストアによる豊富なアプリケーションの提供や、直感的なインターフェースで、ビジネス以外の用途にも対応できるデバイスとして急速に普及しました。この結果、ユーザーはブラックベリーからiPhoneやAndroidデバイスへと流れていきました。

結論の誤り：

スマートフォン市場の大きなトレンドが、より幅広い機能性とユーザーエクスペリエンスを提供する方向へシフトしていたことを、RIMは十分に認識していませんでした。市場はビジネスユーザーだけでなく、一般消費者向けのデバイスに大きく動いており、RIMがこの変化に適応できなかった結果、ブラックベリーは競争力を失ったのです。

■どうすべきであったか：②iPhoneへの戦略的対応

RIMがiPhoneの登場に適応するには、いくつかの戦略的な対応が必要でした。

まず、市場調査と消費者フィードバックの強化が不可欠です。他のスマートフォンユーザーの意見を取り入れることで、変化する消費者ニーズを正確に把握し、それに基づいた製品開発を進めるべきでした。

トレンド分析と競合研究を徹底し、Appleの成功要因を理解することで競合他社の強みを認識し、RIMの製品に反映させる戦略を策定できた可能性があります。

ＲＩＭの経営陣がオープンな議論を奨励《しょうれい》し、柔軟な製品開発体制を整えることもすべきでした。市場変化に迅速に対応する組織を築き、イノベーションと製品開発のスピードアップが必要だったのです。新技術の導入を積極的に進め、アジャイルな開発手法を採用して製品を早期に市場投入し、消費者の反応を基に改良を加えるべきでした。

なによりＲＩＭは、単独ですべてを開発するのではなく、他の企業とのパートナーシップを強化し、必要な技術やノウハウを迅速に取り入れるべきでした。たとえば、アプリケーションエコシステムを構築するために、サードパーティの開発者との連携を深め、ブラックベリー用のアプリケーションを増やす戦略をとることが考えられます。

これらの対応により、ＲＩＭは市場変化に適応し、競争力を維持することができたでしょう。ＰＡＣ思考で整理すると次のようになります。

	前提 (Premise)	仮定 (Assumption)	結論 (Conclusion)
②当時の想定	・ブラックベリーの強みであるセキュリティや物理キーボードは、スマートフォン市場での競争力を維持し続ける。	・iPhoneのタッチスクリーンやアプリのトレンドは長続きせず、ブラックベリーの地位に影響を与えない。	・ブラックベリーは従来の強みを維持し、ビジネスユーザー向けの機能を中心に製品開発を進める。
望ましかった思考	・スマートフォン市場はビジネス用途と一般消費者向け用途が統合される方向に進んでおり、ユーザーはセキュリティだけでなく、利便性やエンターテインメント機能も求めている。	・ブラックベリーのセキュリティを維持しつつ、タッチスクリーン技術やアプリケーションエコシステムを取り入れ、消費者向けの多機能デバイスとして進化させる必要がある。	・セキュリティ機能を強化しつつ、タッチスクリーンとアプリエコシステムを備えた多機能デバイスとしてブラックベリーを提供し、ビジネスと一般消費者の両方の市場で競争力を維持する。

■論点の整理：③製品撤退の決断

２００７年にiPhoneが登場、タッチスクリーンと豊富なアプリケーションを特徴とし、消費者市場を中心に急速にシェアを拡大しました。

ＲＩＭのブラックベリーは２０１１年、過去最大の５２３０万台を出荷《しゅっか》しますが、シェアは10・４％であり、サムスンの19・1％、iPhone（Apple）の19・0％には及ばず、その差は広がる一方です[11]。それでもビジネス市場では一定のニーズが続くとＲＩＭは考えていました。

③当時の想定

前提（Premise）	＋	仮定（Assumption）	＝	結論（Conclusion）
・iPhone登場以後も、ブラックベリーはビジネス市場において強力なブランド力を持ち、一定の需要が続く。		・市場シェアが縮小しても、ビジネス市場でのニッチな需要に依存することで、撤退を避けられる。		・ブラックベリーの製品ラインを維持しつつ、ビジネス市場に焦点を当てる戦略を継続する。

11.『2011年のスマホ出荷は約4億9000万台、年間シェア1位はサムスン』（ケータイWatch）https://k-tai.watch.impress.co.jp/docs/news/510256.html
※IDC発表資料のため、RIM発表数と差異あり

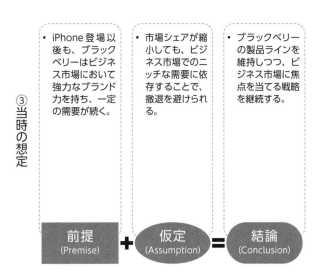

前提：iPhone登場以後も、ブラックベリーはビジネス市場で強力なブランド力を持ち、一定の需要が続く。
仮定：市場シェアが縮小しても、ビジネス市場でのニッチな需要に依存することで撤退を避けられる。
結論：ブラックベリーの製品ラインを維持しつつ、ビジネス市場に焦点を当てる戦略を継続する。

しかし、ビジネス市場でのニッチな需要に固執し、消費者市場や技術トレンドの変化をＲＩＭは見誤りました。特に、iPhoneやAndroidが企業のメールサーバーに簡単にアクセスできるようになったことで、ビジネスユーザーにおいてもブラックベリーの優位性が失われたことは大きな影響がありました。また、スマートフォン市場全体がタッチスクリーンやアプリケーションエコシステムを重視する方向にシフトしていたにもかかわらず、ブラックベリーはこれに適応できませんでした。

買収したサービスのＯＳとブラックベリーのＯＳを統合するのに時間がかかり、企業ニーズを１つにまとめたタブレット「BlackBerry PlayBook」も、初期リリース（２０

11年4月）はユーザーの期待に届きません。そしてついに、2011年10月10日からの4日間、世界中でメールとインターネットが使えなくなるという大障害を起こしてしまいます。[12]

■どうすべきであったか：③製品撤退の決断

RIMがハードウェアメーカーとしての限界を認識し、ソフトウェア開発の速度やエコシステム構築でApple（iPhone）やGoogle（Android）に対抗するのが困難であることを理解することが重要でした。この現実に基づき、単独での競争を諦《あきら》め、他社と協力することが現実的な戦略となります。これにより、RIMはスマートフォン市場での競争力を維持できたでしょう。

サードパーティ開発者との協力を強化することで、ブラックベリー向けのアプリケーションエコシステムを拡大し、ユーザーの選択肢を広げられたはずです。これをPAC思考で整理すると次のようになります。

12.『正念場のブラックベリー、法人向けの致命的トラブルで窮地に』（日本経済新聞）https://www.nikkei.com/article/DGXNASFK0400I_U2A400C1000000/

	前提 (Premise)	仮定 (Assumption)	結論 (Conclusion)
③当時の想定	・iPhone登場以後も、ブラックベリーはビジネス市場において強力なブランド力を持ち、一定の需要が続く。	・市場シェアが縮小しても、ビジネス市場でのニッチな需要に依存することで、撤退を避けられる。	・ブラックベリーの製品ラインを維持しつつ、ビジネス市場に焦点を当てる戦略を継続する。
望ましかった思考	・RIMはハードウェアメーカーであるため、ソフトウェア統合やエコシステム構築でAppleやGoogleと同じスピードで競争するのは難しい。	・RIMが競争力を維持・成長させるには、強力なソフトウェア企業や開発者コミュニティとの提携が必要である。	・RIMは、MicrosoftやGoogle等のソフトウェア企業と提携し、自社ハードウェアと他社ソフトウェアを組み合わせた製品を開発する。また、サードパーティ開発者との連携を強化し、エコシステムを充実させる。

ブラックベリーの失敗は、技術の進化や市場の変化に対して柔軟に対応しないと、圧倒的なシェアを誇る企業の存続さえ危《あや》うくなるという教訓を示しています。特に、競合他社が提供する新しい技術やサービスに迅速に適応し、市場全体を見据えた戦略を構築することの重要性が強調されます。

ブラックベリーの失敗から得られる教訓は、次の3点です。

①市場の変化に対応する柔軟性の重要性：

企業がどれほど強固な市場シェアやブランド力を持っていたとしても、外部環境が急速に変化する中で、その変化に適応できなければ競争力を失う危険性が高まります。市場のトレンドや顧客のニーズが進化するスピードに対応できる柔軟な姿勢が、企業の持続的な成長と成功の鍵となります。変化を機敏に捉え、それに合わせた戦略を迅速に打ち出す能力が求められます。

②新技術への適応と投資の必要性：

技術革新が絶え間なく進む業界においては、既存技術に固執せず、常に新しい技術に適応する姿勢が求められます。企業が競争力を維持し、成長を続けるためには、最新の技術に対する積極的な投資が不可欠です。新技術を取り入れることで、消費者のニーズに応え、競合他社との差別化を図ることができます。特に、消費者の関心が高まる分野に素早く対応することで、市場での競争優位を確立することが可能となります。

③経営陣の迅速な意思決定と組織の柔軟性：

経営陣が市場の変化に対して迅速に対応し、適切な意思決定を行える体制を整えることは、企業の存続において非常に重要です。組織全体が柔軟に対応できるよう、経営層から現場までが一体となって迅速な行動をとることが求められます。内部の対立や意思決定の遅れが企業の対応力を鈍《にぶ》らせることのないよう、オープンなコミュニケーションや意思決定プロセスのスムーズな運営が必要です。これにより、外部の脅威に対しても迅速に対応し、企業の競争力を高めることが可能になります。

これらの教訓を軽視すると、企業はたとえ一時的な成功を収めても、長期的には競争力を失い、市場からの撤退を余儀《よぎ》なくされる可能性があるのです。

第6章

演習で身につけるＰＡＣ思考

6-1 ≫ケース：学園祭の模擬店——問題

あなたは大学のサークルで、学園祭の実行委員として、オリジナル焼き菓子の企画を担当しています。前年大好評だったこの焼き菓子には、多くのリピーターが期待しており、今年も学園祭での売上が見込まれています。

しかし、納品業者から「原材料の一部が手配できず、納品が5日遅れる」との連絡が入りました。学園祭まで残り2週間、当初はあと2日で材料が手元に届くはずでしたが、このままでは到着は学園祭の1週間前になります。この遅延は、焼き菓子を量産できる数を減らすことになり、売上に影響を与えるでしょう。

通常のスケジュールでは、焼き菓子の原材料調達にあと2日、製造に7日、包装に3日、設営準備に2日が必要だとしていました。しかし、原材料の調達遅延により、このスケジュールに大きな変更が必要となります。

問題となっているのは、特殊なスパイスの手配が遅れていることです。このスパイスが味の特徴となっており、リピーターにとって重要な要素です。代替《だいたい》材料を使用することも可能ですが、追加コストがかかる上、もう一度試作を繰り返さないと、品質や味に影響が出てしまいます。

学園祭は大学の年間行事の中でも特に注目度が高く、多くの来場者が集まる重要なイベントです。特にリピーターの期待に応えることが、売上を維持するためには不可欠です。同じ商品が提供できなければ、リピーターにがっかりされ、売上が大きく減少するでしょう。焼き菓子の製造、包装などの準備は慎重に進めなければなりませんが、今回の遅延によりスケジュール全体を見直し、どこかで所要時間を短縮する、または代替策を考える必要が出てきました。

スケジュールの調整や代替案の検討は、品質とコストのバランスを保ちながら進める必要があります。この問題に対する解決策をＰＡＣ思考で整理してみましょう。

6-2 ≫問題の解き方

この問題を解決するにあたって、ワークシートを用意しました。

まずは、当初予定と変更後のスケジュールを書き出し、問題の前提を明らかにしてみましょう。

次に、各工程の短縮や製造量の確保に有効な解決策を3つ考え、解決策の仮定を立ててみましょう。

最後に、それら解決策を実行してどんな結果が期待できるか書き出してください。

次見開きから解説していきます。

問題解決のために導出したPAC思考

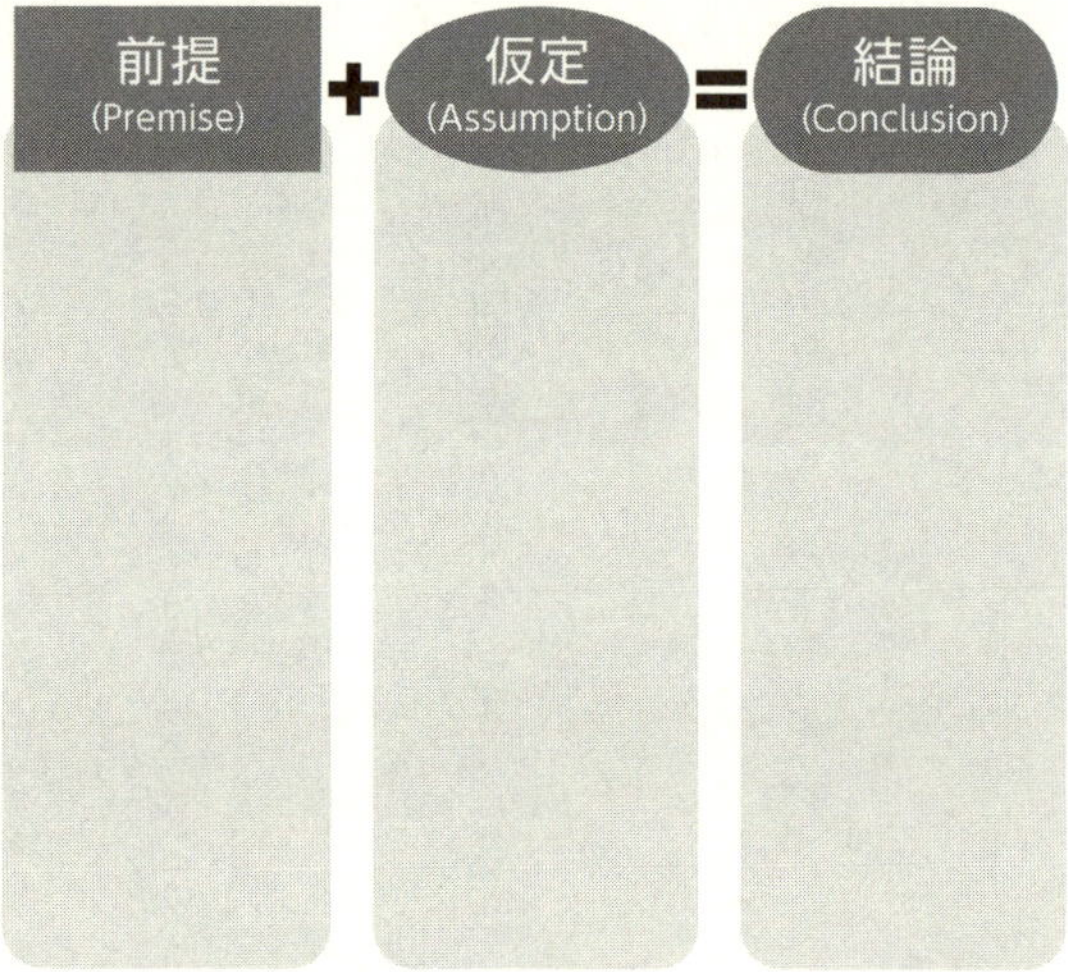

前提 (Premise)
+
仮定 (Assumption)
=
結論 (Conclusion)

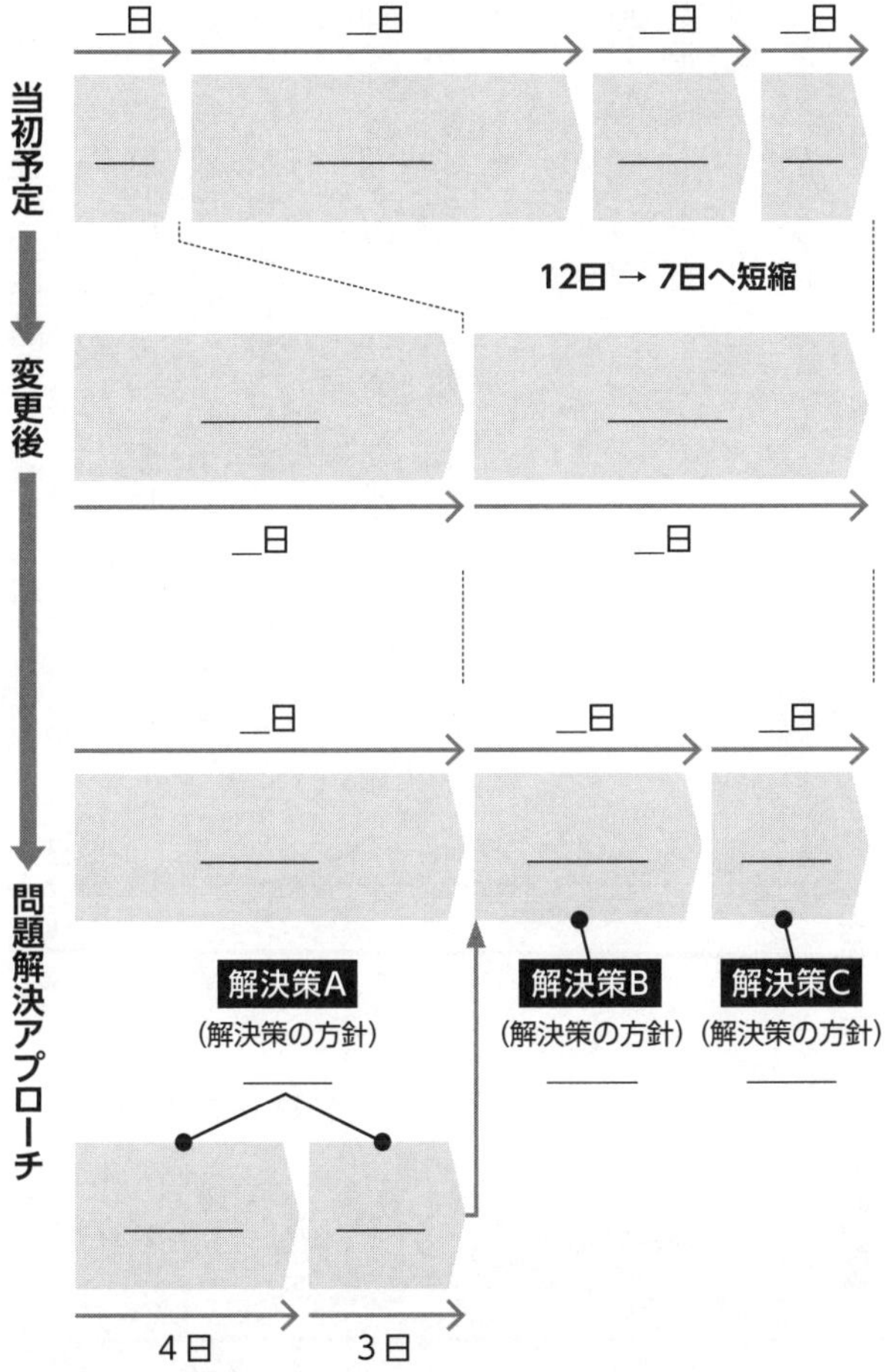
当初予定
変更後
問題解決アプローチ
__日
__日
__日
__日
12日 → 7日へ短縮
__日
__日
__日
__日
__日
解決策A
(解決策の方針)
解決策B
(解決策の方針)
解決策C
(解決策の方針)
4日
3日

6-3 ≫解説：①問題の「前提」を整理

最初に、模擬店で使用する原材料の調達遅延に関して、現状を整理し、当初予定していた作業におけるどの工程で遅れが生じているか、確認してみます。

原材料調達・製造・包装・設営の作業に順番に取り組み、今から2週間後（14日後）には完了するはずでした。

原材料調達：2日
製造：7日
包装：3日
設営：2日

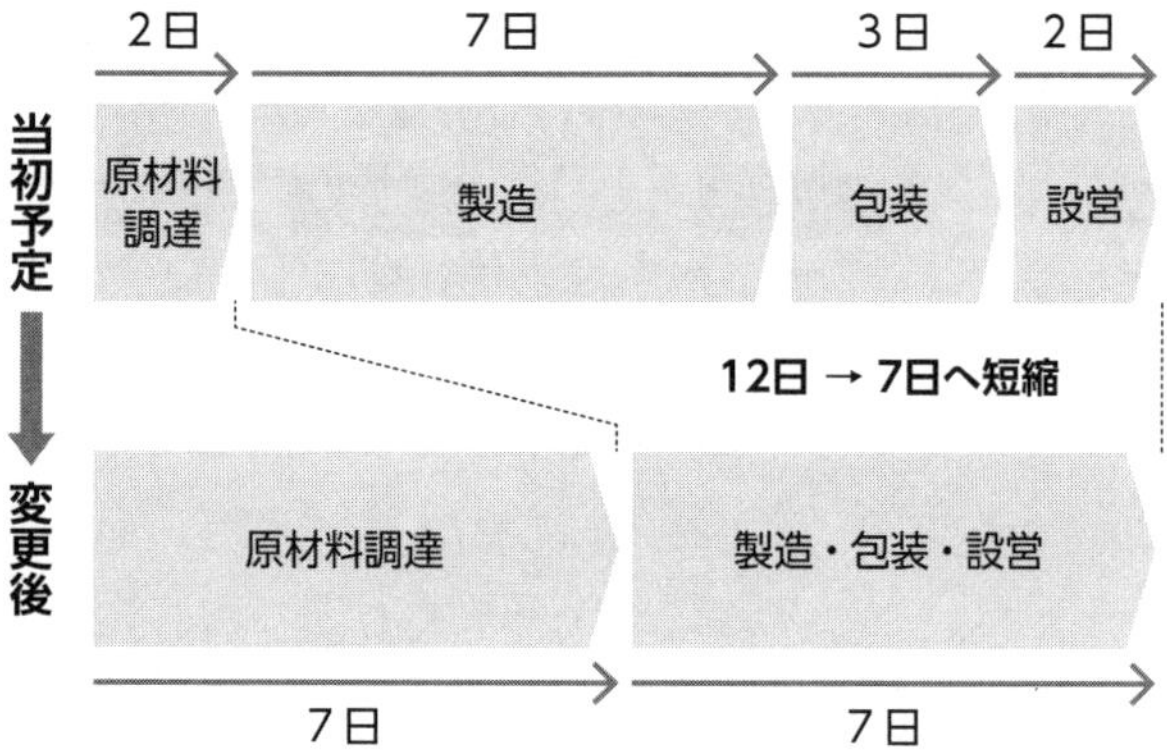

今回の問題は「原材料調達」の遅れによって発生しています。特殊なスパイスの入手が5日遅れるため、製造の完了も同様に5日遅れ（2日→7日）、そのままでは全体のスケジュールが後ろ倒しとなり、模擬店の設営が間に合わなくなります。包装と設営に必要な時間（3日＋2日）を予定通りに確保するなら、残りの2日間で製造を進める必要があります。

しかし、この時間では予定の約3割しか作れず、売上も当初の3割程度に留まってしまいます。さらに、原材料や店舗設営等の固定費用は変わらないため、利益が大幅に減少し、結果として大赤字になることが予想されます。

焼き菓子の企画担当として、リピーターの期待に応えるために何とか解決策を見つけたいところです。

今回の問題に対する「前提」としては、「**製造期間を短縮したとしても、当初の販売計画に必要な数量を確保する方法を見つける必要がある**」と考え、対策を検討することにしましょう。

6-4》解説：②解決策の「仮定」を整理

製造期間を短縮しても当初の販売計画に必要な数量を確保する方法は、どんなものがあるでしょう。焼き菓子を作って販売する工程は、原材料調達・製造・包装・設営が必要です。そこで、原材料調達の工程に対する解決策A、製造工程に対する解決策B、包装と設営の工程に対する解決策Cを考えてみました。

解決策A：代替スパイスの使用

焼き菓子の重要な要素である「特殊なスパイス」の調達遅延が問題です。まず、「**すぐに手に入る代替品を使って遅延の影響を最小限に抑える**」という解決策を考えました。

しかし、代替品を使用すると焼き菓子の味が変わり、リピーターが期待している味を再現できない可能性があります。味はリピーターにとって非常に重要な要素であり、売上や顧客満足度に大きな影響を与えるため、この選択はリスクが高いです。

解決策B：製造期間の短縮

次に、スパイスの到着を待つ場合、製造時間が限られるため、「**製造期間を短縮することで販売数量を確保する**」という解決策を考えました。通常7日かかる製造を2日で終わらせます。

工程を単純化したり省略したりすることで時間短縮は可能ですが、味や品質が低下し、リピーターの期待に応えられない恐れがあります。短縮は可能ですが、売上や顧客満足度に悪影響を与える可能性が高いため、この案もリスクがあります。

解決策C：包装・設営の要員追加

最後に、「**製造後の作業者を追加して製造期間を捻出《ねんしゅつ》する**」という解決策を考えました。予算管理者に相談して作業者を一時的に追加、包装や設営の時間を短縮し、他のメンバーと協力して作業を分担することで、少しでも長く製造時間を確保できる可能性があります。

製造時間のすべてを補うことは難しいため、完全な解決策とはいえませんが、一部の遅れをカバーできる方法です。

これら3つの解決策の有効性を定量的に評価してみましょう。

顧客に満足してもらい、期限に間に合わせ、かつ予算内で運営できるかどうかを総合的に判断する観点で、3つの解決策を評価します。

それぞれの観点は次のように定義しました。

評価観点①：顧客満足度影響：

【顧客が期待する商品が提供され、品質や味が維持されるかどうか】

学園祭の模擬店では、リピーターのお客様が非常に重要な存在です。前年の成功を踏まえて、リピーターは同じ味や品質を期待して来場します。もし期待を裏切ってしまうと、売上が下がるだけでなく、信頼を失ってしまうかもしれません。特に焼き菓子のような商品は、味が変わると直接的にお客様の満足度に影響します。そのため、顧客満足度は最も重要な評価項目の1つです。

リピーターの期待に応え、前年と同じレベルの品質を提供することが、この企画の成功に直結します。

評価観点②：スケジュール遵守《じゅんしゅ》：

【学園祭当日に焼き菓子を予定通り提供できるかどうか】

学園祭というイベントは日程が固定されているため、何があってもその日までに商品を準備する必要があります。スケジュールに遅れが出れば、最終的に焼き菓子が学園祭で提供できないかもしれません。もしそうなった場合、売上の機会を失うだけでなく、企画自体の評価にも悪影響を及ぼすことになります。さらに、焼き菓子の製造・包装や設営には一定の時間が必要です。

もし原材料が遅れても、他の工程をどのように調整するかが成功の鍵となるので、スケジュール遵守の評価は不可欠です。

評価観点③：コスト影響：

【追加コストが発生するか、または元々の予算内で対応できるか】

学園祭の企画予算は限りがあります。代替スパイスを調達する場合や、包装・設営工程を短縮するためにリソースを追加する場合、コストがさらに発生します。限られた予算の中でこのコストをどう管理するかは、模擬店の収益に直接影響します。

追加コストが発生しすぎると、たとえ焼き菓子を売ることができたとしても、利益がほとんど残らない、もしくは赤字になるリスクがあります。コスト管理の観点で解決策を評価することは、このプロジェクトの採算性を保つために非常に重要です。

これらの評価観点で3つの解決策を評価した結果、どれもメリット・デメリットがあることがわかりました。今回の問題に対する「仮定」としては、**「顧客満足度・スケジュール・コストの観点で有効な複数の解決策を組み合わせてリスクに備える必要がある」**と考え、結論のアクションを考えていくことにします。

③コスト影響

- 評価：許容できる
- 代替材料のコスト次第ではあるが、元の予算に収まるかはやや不透明。

- 評価：優れている
- 追加コストは発生せず、予算内で進めることができる。

- 評価：許容できる
- 追加費用は発生するが、赤字が発生しない範囲にコントロールすることはできる。

解決策	評価観点	
	①顧客満足度影響	②スケジュール遵守
解決策A 代替スパイスの使用	• 評価：要検討 • 味が変わり、リピーターが期待する品質を提供できないため、顧客満足度に大きな悪影響を与える。	• 評価：優れている • 代替品を使用するため、スケジュール通りに進行可能で、焼き菓子の提供に遅れは生じない。
解決策B 製造期間の短縮	• 評価：要検討 • 製造工程の省略により品質が低下し、顧客が期待する味を再現できないリスクが大きい。	• 評価：優れている • 製造期間を短縮することで、スケジュールに間に合わせることができる。
解決策C 包装・設営の要員追加	• 評価：優れている • 製造の品質は保たれ、リピーターが期待する味を提供できる。	• 評価：要検討 • 後工程を短縮することでスケジュールを調整しても、製造に必要な期間をすべて捻出するまでには至らない。

6-5 ≫解説：③問題解決アプローチの「結論」を整理

今回の問題を解決するために、３つの解決策を組み合わせて実行するアクションプランを立てることにしました。ＰＡＣ思考で改めて整理すると次の通りです。

前提：製造期間を短縮したとしても、当初の販売計画に必要な数量を確保する方法を見つける必要がある。

仮定：顧客満足度・スケジュール・コストの観点で有効な複数の解決策を組み合わせてリスクに備える必要がある。

結論：解決策Ｃについて予算権を持つ人に相談しつつ、解決策Ｂに着手して少しでも製造期間を確保、並行して解決策Ａで十分な販売量を確保する。

それぞれの解決策は異なる角度から問題に対処するものであり、リスクや制約を考慮しつつ、最適な方法を見出すことが目的です。

まず、**解決策A「代替スパイスの使用」**について。特殊なスパイスの調達が遅れる中で、すぐに手に入る代替スパイスを使うことで、焼き菓子の製造をスケジュール通りに進めることが可能になります。

ただし、味が変わってしまうリスクがあり、特に前年のリピーターたちが期待している味を再現できない可能性があります。このリスクを最小限に抑えるため、まずは少量の代替スパイスで試作を行い、どの程度味が変わるのかを確認します。ここで重要なのは、変更が大きくない場合には、味の変化を「新しいバリエーション」としてポジティブに捉え、リピーターに対しても「新しい試み」として訴求する方法を取り入れることです。

また、代替スパイスを使って焼き菓子を作った場合、通常の味とは違うことを事前に周知し、リピーターに「今年の焼き菓子は少し新しい挑戦をしてみました」として、期待を裏切らない工夫を施《ほどこ》します。この方法により、味の変化による失望感を軽減し、むしろ新しい味への興味を引き出すことが狙いです。代替スパイスが本来の味から大きくずれる場合、予備の在庫を使用して試作を繰り返し、味の調整を図ります。

次に、**解決策B「製造期間の短縮」**について。スパイスが遅れて届く場合、通常7日間かかる製造工程を2日で終わらせる必要が出てきます。これを実現するためには、工程を効率化し、短時間で多くの作業を進められるように計画を再編します。

まず、試作工程では複数のメンバーを配置し、焼き菓子の試作品を並行して複数製造できるように体制を整えます。また、味の調整作業についても同時進行で行い、各メンバーが責任を持って品質管理を徹底します。

通常の工程を一部省略することで時間を短縮しますが、ここでも味や品質が損《そこ》なわれないように注意を払います。具体的には、焼き加減や温度管理を一度に大きなロットで行うことで作業効率を上げ、手作業を必要とする工程を可能な限り自動化・効率化します。

こうした工夫によって、製造期間を短縮しつつも、品質を確保できる体制を整えることができるでしょう。

最後に、**解決策C「包装・設営の要員追加」**について。製造後の包装や設営作業を短縮することで、製造に充《あ》てられる時間を確保する計画です。

具体的には、包装工程を3日↓2日に短縮するためにメンバーを増員し、同時に複数ラインで作業を進めます。通常の包装ではデザインに凝った装飾を施していましたが、今回はシンプルな包装に変更し、見た目は少し落ち着いたものにする代わりに、製品自体の品質を優先させることにしました。

また、設営準備も2日ではなく1日に短縮します。作業者を倍に増やして半分の所要時間で設営をすべて終える計画を立てました。

スケジュール短縮への対応にチーム全体の協力は不可欠であり、メンバー全員にこの計画の重要性を説明し、分担作業を明確にして効率的に進めるよう指示します。学園祭当日までの限られた時間の中で、できるだけ多くの時間を製造に充て、品質を維持しつつ製品を提供するための計画を徹底することとします。

問題解決のために導出したPAC思考

前提 (Premise)	+	仮定 (Assumption)	=	結論 (Conclusion)
・製造期間を短縮したとしても、当初の販売計画に必要な数量を確保する方法を見つける必要がある。		・顧客満足度・スケジュール・コストの観点で有効な複数の解決策を組み合わせてリスクに備える必要がある。		・解決策Cについて予算権を持つ人に相談しつつ、解決策Bに着手して少しでも製造期間を確保、並行して解決策Aで十分な販売量を確保する。
※ 原材料調達: 2日→7日 製造:7日→2日 包装:3日 設営:2日 製造日数の減少で当初レシピによる製造量が大幅減		※ 解決策A: 代替スパイスの使用 解決策B: 製造期間の短縮 解決策C: 包装・設営の要員追加		※ 解決策Aで別レシピによる製造量を追加 解決策Bで当初レシピによる製造量を追加 解決策Cで当初レシピによる製造量を追加

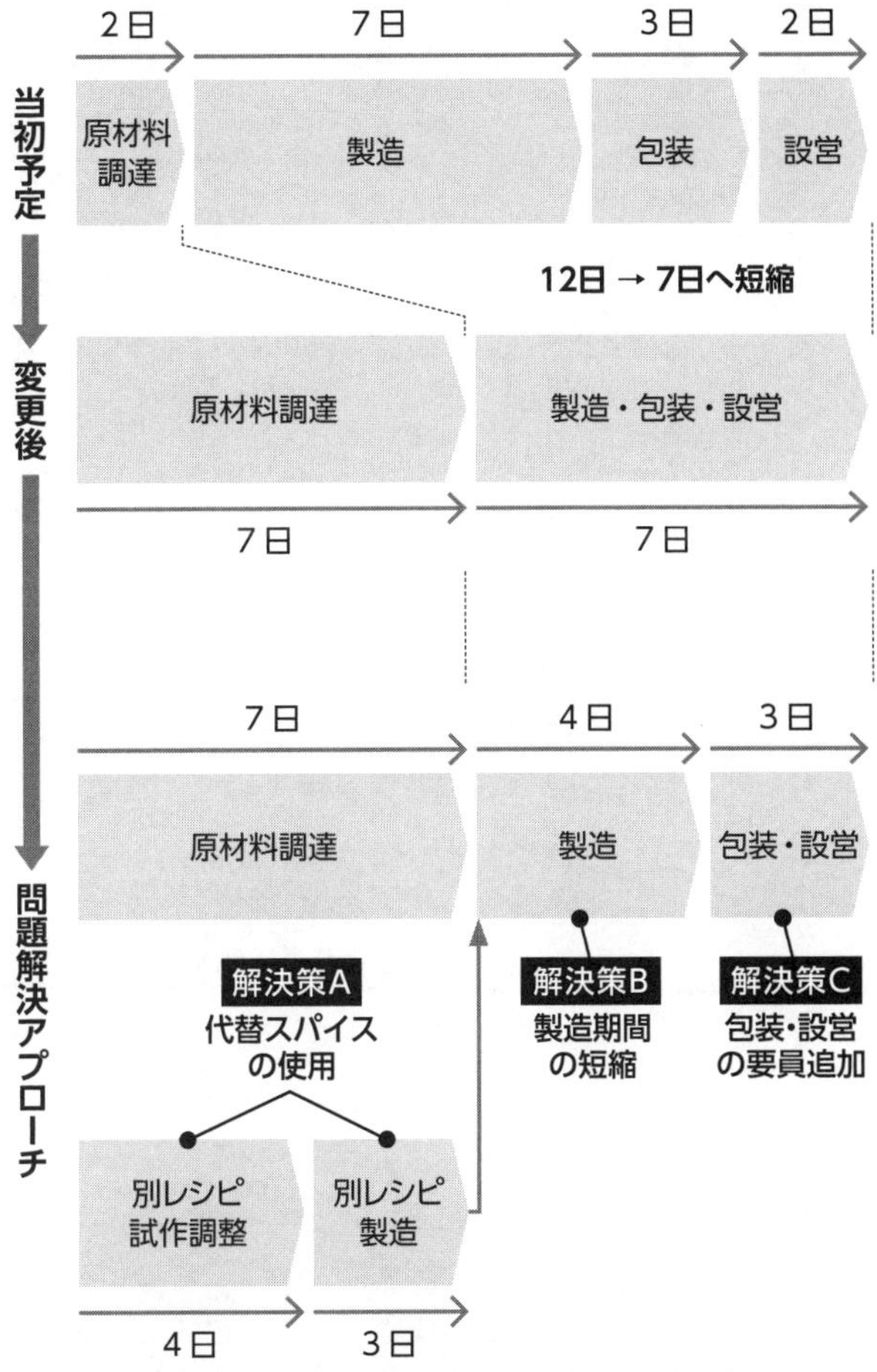
当初予定
2日
7日
3日
2日
原材料調達
製造
包装
設営
12日 → 7日へ短縮
変更後
原材料調達
製造・包装・設営
7日
7日
問題解決アプローチ
7日
4日
3日
原材料調達
製造
包装・設営
解決策A
代替スパイスの使用
解決策B
製造期間の短縮
解決策C
包装・設営の要員追加
別レシピ試作調整
別レシピ製造
4日
3日

6-6 》PAC思考の実践結果

PAC思考で整理した問題解決のための結論（アクションプラン）を実行に移した結果、学園祭当日までにオリジナル焼き菓子を十分な数量製造し、無事に提供することができました。

スパイスの到着が遅れたため、代替スパイスを使用する場面もありましたが、事前にリピーターに対して「新しい味の挑戦」としてプロモーションを行ったことが功を奏し、多くの来場者が新しい味に興味を持ってくれました。結果として、味の変更に対するクレームはほとんどなく、リピーターの満足度も予想以上に高い評価を得ることができました。

製造期間の短縮に関しても、効率化を図ることで予定していた数量をしっかりと生産できました。工程の一部を省略したことで、見た目には若干の違いが出ましたが、焼き菓子の味や品質自体には大きな問題がなく、リピーターからのフィードバックも「前年と少し違うけれど美味しかった」と前向きなものでした。

また、包装や設営作業を短縮したことで、製造期間を確保しつつ学園祭当日までの準備を滞りなく終えることができました。

今回のトラブルを通じて得られた最大の教訓は、「柔軟な対応」と「チームワーク」の重要性です。当初の計画が崩れた際、状況を冷静に分析し、複数の選択肢を検討して対応することが、問題解決の鍵となりました。

チーム全体で協力し、作業を分担して効率化を図ることで、限られた時間の中でも最大限の成果を上げることができたことに加え、顧客に対するコミュニケーションの大切さも学びました。リピーターが期待していることをしっかりと理解し、それに応えるための工夫を凝らすことが、顧客満足度を維持する上で欠かせない要素でした。今回の焼き菓子プロジェクトでは、新しい味を前向きに提案することで、味の変化に対するネガティブな反応を最小限に抑えることができたのです。

最終的に、学園祭の模擬店は大成功を収め、売上も目標を達成できました。

おわりに

本書を手に取っていただき、最後までお読みいただいて、ありがとうございます。PAC思考というフレームワークを通じて、私が一貫してお伝えしたかったのは**「本質的に考える力」（クリティカルシンキング）**を磨《みが》くことの大切さです。

現代社会では、あらゆる状況で迅速な意思決定を求められることが増えています。情報はあふれ、選択肢も多様化する一方で、それらをどう整理し、どのようにして自分の道を選んでいくかが、私たち一人ひとりに問われています。そうした環境下で、迷わずに自信を持って判断するためには、論理的かつ客観的な思考が欠かせません。そのための方法論として、私は**PAC思考**を取り上げました。

本書では、日常のビジネスシーンやプロジェクトマネジメントにおいて、どのようにPAC思考を活用できるかを具体的な事例を交えて説明してきました。これにより、読者の皆さんが複雑な状況に直面した時に、冷静に考え、適切な対応策を導き出す力を養っていただければと思っています。

私が述べている「本質的に考える力」について、少しお話ししたいと思います。

私たちは日常の中で、無数の決断を下しています。その多くは習慣や直感、過去の経験に基づくものです。しかし、重要な局面では、それらだけでは十分ではありません。感情に左右されたり、過去の経験を過信したり、思わぬミスを犯《おか》すこともあります。そこで、意識的に思考を整理し、論理的に結論を導き出す訓練が必要です。

ＰＡＣ思考の最大の利点は、問題を段階的に分解し、整理して考えることで、どんなに複雑に見える問題も明確にし、対処法を見つけやすくする点です。

「前提（Premise）」を確認し、
「仮定（Assumption）」を立て、
「結論（Conclusion）」を最終的に導き出す

これはどんな状況にも適用でき、自分の思考の過程を可視化し、他人にも共有できる形で説明することが可能になります。

また、PAC思考を使うことで、自分の思考の偏《かたよ》りや過ちに気づくことができる点も重要です。過去の成功体験に依存して現状を見誤ったり、感情的な判断でリスクを過小評価したりすることは誰にでも起こり得ます。しかし、PAC思考を取り入れることで、冷静に自分の思考を振り返り、より客観的で合理的な結論を導き出すことができます。

PAC思考は万能な解決策ではありませんが、そのフレームワークを習得し、繰り返し使うことで、少しずつ自分の思考力が磨かれていくことを感じていただけると思います。問題が起きた時に、ただ焦って行動するのではなく、一度立ち止まって、

「問題の〝前提〟は何か?」

「どのような〝仮定〟を立てられるか?」

「最適な〝結論〟は何か?」

「それらは〝一貫性のあるロジック〟になっているか?」

そう自問自答する習慣を身につけることができれば、あなたの思考はより深く、的確になっていくはずです。

最後に、本書を読んでいただいた皆さんに、今後の課題としてお願いがあります。それは、日常生活のあらゆる場面でPAC思考を使ってみることです。

最初は難しく感じるかもしれませんが、慣れてくると自然にこのフレームワークが思考の基盤になり、意思決定の質が向上していることに気付くでしょう。仕事に限らず、家庭や友人関係、さらには個人的な目標設定においても、PAC思考は強力なツールとして役立ちます。本書を通じて得た知識を、ぜひ実生活で活用してください。そして、日々の思考の中で、少しずつでも「本質的に考える力」を磨き続けてください。

読者の皆さん一人ひとりが、自信を持って判断し、行動できるようになることを心から期待しています。ありがとうございました。

2024年12月

吉澤 準特

図版作成・イラスト――桜井勝志

PHP
Business Shinsho

吉澤準特（よしざわ・じゅんとく）

外資系コンサルティングファーム勤務。ロジカルシンキング、ラテラルシンキング、クリティカルシンキングを組み合わせた「ビジネス思考フレームワークモデル」を提唱し、企業での研修や学校機関での講義を行っている。また、図解作成／文章術／仕事術／ファシリテーション／コーチングにも造詣が深く、関連するビジネス書籍を多数執筆している。SNS上で多くのフォロワーに対してもこうした情報を発信している。『思考の5分ドリル』（翔泳社）、『ロジカルシンキングと問題解決の実践講座』（ソーテック社）、『図解作成の基本』（すばる舎）、『資料作成の基本』（日本能率協会マネジメントセンター）、『外資系コンサルのビジネス文書作成術』（東洋経済新報社）、『外資系コンサルの仕事を片づける技術』（ダイヤモンド社）など、著書多数。

PHPビジネス新書 474

超一流のコンサルが教える
クリティカルシンキング入門

2024年12月27日　第1版第1刷発行

著　　者　吉澤準特
発行者　永田貴之
発行所　株式会社ＰＨＰ研究所
東京本部　〒135-8137　江東区豊洲5-6-52
ビジネス・教養出版部　☎03-3520-9619（編集）
普及部　☎03-3520-9630（販売）
京都本部　〒601-8411　京都市南区西九条北ノ内町11
PHP INTERFACE　https://www.php.co.jp/
装幀・本文デザイン　齋藤稔（株式会社ジーラム）
組　　版　有限会社エヴリ・シンク
印刷所　大日本印刷株式会社
製本所　東京美術紙工協業組合

© Juntoku Yoshizawa 2024 Printed in Japan
ISBN978-4-569-85750-3
※本書の無断複製（コピー・スキャン・デジタル化等）は著作権法で認められた場合を除き、禁じられています。また、本書を代行業者等に依頼してスキャンやデジタル化することは、いかなる場合でも認められておりません。
※落丁・乱丁本の場合は弊社制作管理部（☎03-3520-9626）へご連絡下さい。送料弊社負担にてお取り替えいたします。

「PHPビジネス新書」発刊にあたって

わからないことがあったら「インターネット」で何でも一発で調べられる時代。本という形でビジネスの知識を提供することに何の意味があるのか……その一つの答えとして「**血の通った実務書**」というコンセプトを提案させていただくのが本シリーズです。

経営知識やスキルといった、誰が語っても同じに思えるものでも、ビジネス界の第一線で活躍する人の語る言葉には、独特の迫力があります。そんな、「**現場を知る人が本音で語る**」知識を、ビジネスのあらゆる分野においてご提供していきたいと思っております。

本シリーズのシンボルマークは、理屈よりも実用性を重んじた古代ローマ人のイメージです。彼らが残した知識のように、本書の内容が永きにわたって皆様のビジネスのお役に立ち続けることを願っております。

二〇〇六年四月

PHP研究所